Coral Herre

G000160514

Hombres que ya
no hacen sufrir por amor

TRANSFORMANDO LAS MASCULINIDADES

CATARATA

DISEÑO DE CUBIERTA: PSD

© CORAL HERRERA, 2019

© LOS LIBROS DE LA CATARATA, 2019
FUENCARRAL, 70
28004 MADRID
TEL. 91 532 20 77
WWW.CATARATA.ORG

HOMBRES QUE YA NO HACEN SUFRIR POR AMOR.
TRANSFORMANDO LAS MASCULINIDADES

ISBN: 978-84-9097-607-4
DEPÓSITO LEGAL: M-1.293-2019
IBIC: JFFK

CORAL HERRERA

Doctora en Humanidades y Comunicación Audiovisual, experta en teoría de género (feminismos, masculinidades, teoría *queer*), ha trabajado como consultora de comunicación y género en organismos internacionales como Unesco, ILANUD y AECID, y actualmente trabaja en UNED Costa Rica y en el Observatorio de Medios y Comunicación Centroamericano (GEMA). También coordina el Laboratorio del Amor, una red social de mujeres y un taller permanente en torno a los estudios sobre las relaciones amorosas desde una perspectiva de género. Escribe en su blog desde hace siete años y colabora en diversos medios de comunicación como *Mente Sana* o *Pikara Magazine*. Ha sido profesora e investigadora en la Universidad de la Sorbona en París, en la Universidad Carlos III de Madrid y ha publicado varios libros, entre los que destacan *La construcción sociocultural del amor romántico* (Fundamentos, 2010) y *Más allá de las etiquetas* (Txalaparta, 2011) y *Mujeres que ya no sufren por amor* (Catarata, 2018). Además, ha participado en varios libros colectivos e imparte conferencias en congresos internacionales sobre comunicación y género.

CATARATA

ÍNDICE

¿Disfrutan los hombres del sexo y del amor? Esta es la gran pregunta que me ha venido rondando por la cabeza desde que publiqué mi libro *Mujeres que ya no sufren por amor*. Nosotras llevamos décadas trabajando los patriarcados que nos habitan, y las relaciones con nosotras mismas, entre nosotras y con los hombres, pero, ¿qué están haciendo ellos mientras nosotras crecemos, evolucionamos y nos liberamos del machismo?, ¿cómo se sienten ante todos los cambios sociales, políticos, económicos, culturales, sexuales y emocionales que está consiguiendo la lucha feminista en todo el planeta?, ¿qué aportan ellos a esta transformación?, ¿cómo reaccionan ante la pérdida de sus privilegios?

Este nuevo libro está lleno de preguntas en torno a la construcción de la masculinidad patriarcal y a las masculinidades disidentes, la manera en que los hombres se relacionan consigo mismos, con los demás hombres y con las mujeres, su forma de gestionar las emociones y los sentimientos, y su relación con el amor romántico. Son preguntas que pueden ayudar a los hombres que se lo trabajan y a los que tienen ganas de ponerse a ello pero no saben cómo. Las preguntas nos sirven para analizar la cultura en la que vivimos y para conocernos mejor a nosotros mismos: son herramientas muy útiles para hacer autocrítica amorosa y para trabajarse todo aquello que hemos de trabajar para ser mejores personas y para disfrutar más de nuestras relaciones, y de nuestras vidas.

Los hombres están, en este momento, en una encrucijada histórica: tienen ante sí la oportunidad de unirse a la lucha por un mundo más pacífico, amoroso, igualitario, diverso y ecológico, o pueden seguir como están, atrincherados en sus posiciones, resistiéndose a formar parte de una de las mayores revoluciones que están teniendo lugar en este momento de la historia.

El feminismo nos está cambiando la vida a millones de personas, pero, ¿son capaces los hombres de disfrutar de estos cambios?, ¿por qué muchos de ellos siguen resistiéndose a luchar por la igualdad y por los derechos de las mujeres?, ¿tienen herramientas y capacidad de autocrítica para poder analizar el lugar que ocupan en el mundo, y su papel en una sociedad patriarcal?, ¿se sienten preparados para los cambios que están por llegar?

¿Cómo son las relaciones de los hombres con el feminismo? Poco después de la revolución feminista de los sesenta y los setenta, algunos hombres empezaron a juntarse para hablar de todos estos temas, y para trabajarse los patriarcados que les habitan a nivel personal y colectivo. Desde que surgieron en los años ochenta del siglo XX, los estudios de masculinidades han ido cobrando cada vez más importancia. En los años noventa esta corriente se convirtió también en un movimiento social y político que aún hoy en día sigue siendo muy minoritario, pero que ya está extendido en muchos países. Cada vez hay más grupos de hombres trabajándose los patriarcados, cada vez son más los que apuestan por unirse a los avances de la lucha feminista y los que ya están contribuyendo a este proceso de transformación colectiva.

Estos colectivos de hombres están hablando de cómo les afecta el patriarcado, cómo obedecen los mandatos de género, cómo aprenden a ser hombres, cómo aprenden a reprimirse y a mutilarse emocionalmente, cómo se cuidan y cómo cuidan a los demás. Escriben en revistas, crean blogs, organizan congresos y jornadas, toman y ofrecen talleres, se reúnen en círculos de hombres, organizan concentraciones contra la violencia machista en las plazas de las ciudades, elaboran comunicados, participan en espacios feministas, hacen ciberactivismo en redes. Son los hombres feministas, o los aliados del feminismo, o los hombres igualitarios, pero son una minoría.

La gran mayoría de los hombres están un poco confusos con esta revolución de las mujeres en la que no pueden ser los protagonistas. No saben si ponerse a favor o en contra. Se liga más poniéndose a favor, pero parece que lo de revisar sus privilegios y sus patriarcados les da pavor. Muchos creen que el feminismo puede feminizarles y quitarles su poderío viril.

Esta confusión provoca que muchos reaccionen a la defensiva ante el empoderamiento femenino al suponer que conforme ellas ganan derechos, ellos pierden privilegios. Muchos creen que se trata de una guerra de sexos, cuando en realidad lo que estamos viviendo es una auténtica guerra contra las mujeres. Nosotras vamos desnudas a la guerra, y nos atacan a golpes, hachazos, tiros, navajazos, martillazos y empalamientos. El lugar más peligroso para las mujeres, según el último informe sobre violencia machista de la ONU[1], es el

---

1. United Nations Office on Drugs and Crime (UNODC) (2018): *Global Study on Homicide 2018. Gender-related killing of women and girls*, Viena, Naciones Unidas. Informe publicado con motivo del Día Internacional de la Eliminación de la Violencia contra la Mujer. Datos correspondientes a 2017.

hogar. Nos atacan en casa, nuestros novios, pretendientes, maridos y exmaridos. Nos matan a diario, en todos los países del mundo: 137 mujeres mueren cada día a manos de algún miembro de su familia.

El feminismo no ha matado a nadie, el machismo mata todos los días. Y, sin embargo, los hombres que se sienten amenazados por la revolución feminista no se han puesto a pensar en cómo les encadena a ellos el patriarcado, cómo les limita, como les oprime, cómo les hace sufrir. Tampoco se han puesto a pensar en cómo su patriarcado afecta a los demás, y, en especial, a las mujeres de su entorno, porque hacerlo conllevaría tener que cambiar y transformar sus vidas.

En general, la gente no es capaz de comprender la estructura patriarcal en la que vivimos porque no nos hablan de ella, y muchos creen que es un invento de las feministas para intentar dominar a los hombres. En la escuela sí nos enseñan lo que es el capitalismo, pero no nos hablan del patriarcado, lo que nos deja un gran vacío a la hora de entender cómo funciona nuestro sistema económico y cómo son nuestras relaciones.

El patriarcado es la estructura social, política, económica, cultural, sexual y emocional en la que vivimos y nos relacionamos con los demás. Es una estructura jerárquica en la que los hombres ocupan la parte superior de la pirámide y las mujeres la parte inferior: el mundo patriarcal está basado en las luchas de poder, la explotación de las mujeres y la violencia.

Es imposible vivir el amor como una experiencia gozosa en esta estructura patriarcal: es muy difícil construir relaciones igualitarias basadas en el compañerismo porque nos han educado para relacionarnos desde roles de dominación y de sumisión y para ejercer nuestro poder desde cualquiera de las dos posiciones. Así las cosas, resulta muy complicado quererse bien y disfrutar del sexo y del amor.

Los hombres patriarcales están obligados a ser fuertes, duros, proveedores principales, protectores, y a competir y tener éxito, a ganar todas las batallas, a reprimirse, a mutilar sus emociones, a demostrar constantemente su virilidad. Ser un hombre obediente es agotador, porque la mayor parte de sus energías la dedican a sus luchas de poder, a sus demostraciones de fuerza y virilidad, a su necesidad de imponerse sobre los demás.

Cuanto más inseguro es un hombre, más violento es: la mayor parte de los machos alfa son niños asustados con complejos de inferioridad y miedos que les torturan de por vida, y que torturan a los demás. Esto es producto de una educación basada en la misoginia, desde pequeños huyen de la feminidad porque la masculinidad se construye sobre una triple negación: no soy una niña, no soy un bebé, no soy homosexual. Elisabeth Badinter explica en su obra la manera en que los niños aprenden a asociar todo lo malo con las mujeres, véase: la debilidad, la cobardía, la cursilería, la estupidez, la vulnerabilidad, la torpeza o la maldad.

Los héroes masculinos que los hombres admiran son hombres sin pareja y sin familia, hombres que no saben amar ni cuidar. Solo se rodean de otros hombres como ellos para salvar al mundo, para cumplir una misión, para divertirse, para alquilar mujeres, para hacer negocios. El premio que reciben al final de su batalla es una mujer buena, dulce, entregada y devota que espera su llegada para curar las heridas del guerrero, para alimentarlo, para cubrir sus necesidades más básicas, para obedecerlo, para quererlo incondicionalmente, para hacerle feliz y darle hijos.

Los niños que admiran a estos héroes aprenden desde pequeños a defender su libertad. En toda la cultura patriarcal el mensaje es que los hombres tienen que defenderse de las mujeres, porque ellas son las enemigas. Todas quieren apresarlos mediante sus encantos y su poder sexual, y ellos han de resistir como Ulises resistió a los encantos de las malvadas y seductoras sirenas.

Básicamente la idea que transmite el patriarcado a través de la cultura es que hay unas pocas *mujeres buenas*, como las princesas de las películas que se dedican a esperar, y la mayoría son *mujeres malas* que quieren enamorar a los hombres para encerrarlos en el hogar, para aprovecharse económicamente de ellos, para separarlos de su seres queridos, para destruir su autoestima, para manipularlos a su antojo, para hacerlos sumisos y para destrozarles el corazón.

Esta es una de las razones por las cuales los hombres patriarcales aspiran a disfrutar de una vida sexual muy diversa, pero se lo piensan mucho antes de enamorarse o de comprometerse emocionalmente con una mujer. Nosotras sufrimos al lado de hombres que no se enamoran, que no se abren, que no se comparten ni se comprometen emocionalmente. Permanecemos meses y años al lado de hombres que no se fían de nosotras. No nos ven tan perfectas como la princesa rosa de cuento. Ellos aspiran a encontrar una mujer honesta y leal que no les traicione jamás, que les deje llevar el mando, que sea complaciente y abnegada, que sea una esclava del amor. Las mujeres libres les dan miedo. No saben relacionarse con una mujer autónoma de igual a igual: solo aprenden a construir relaciones de compañerismo con otros hombres. Y esto les limita mucho a la hora de relacionarse con las mujeres a nivel sexual y sentimental, porque van siempre con el freno de mano puesto, con miedo a aumentar la intensidad y la velocidad.

Los hombres que nunca entran a las profundidades y se quedan en la superficie son incapaces de disfrutar del amor. Y nosotras sufrimos porque nos han vendido el cuento de que si esperamos y somos pacientes, al final el príncipe azul se enamorará de nosotras. Son mensajes que nos lanzan directos al ego: nos dicen que somos maravillosas, que ningún hombre podrá resistirse a nuestros encantos, y que, si resistimos y sufrimos, obtendremos nuestra recompensa. Al final él se dará cuenta, acabará enamorado y arrodillado como don Juan ante doña Inés, y nos ofrecerá el trono del matrimonio. Sin embargo, la realidad es que la mayor parte de las relaciones en las que hay muros y obstáculos para el amor no funcionan, y nos hacen sufrir a todos para nada. Las relaciones entre los hombres también son complicadas, pues los varones patriarcales viven con un miedo constante a la homosexualidad. Solo se besan, se tocan el culo y se frotan los cuerpos cuando meten un gol jugando al fútbol: el resto del tiempo están continuamente reprimiéndose o reprimiendo a los compañeros con las bromas típicas de la homofobia patriarcal. Y los que peor lo pasan son, por supuesto, los hombres homosexuales y bisexuales.

Muchos hombres heterosexuales viven su sexualidad en función de otros hombres. Es decir, cuando tienen relaciones con mujeres piensan en realidad en la admiración y la envidia que sentirán los demás por su habilidad para la caza de hembras hermosas, su potencia sexual y su fertilidad. Para los hombres educados en el patriarcado, su virilidad depende de la cantidad de mujeres que logren penetrar: estar en una relación de pareja monógama y formal les resta puntos. Por eso muchos tratan de permanecer solteros el mayor tiempo posible. Incluso una vez que se casan muchos de ellos siguen disfrutando de su diversidad sexual, y negando a su compañera la posibilidad de hacer lo mismo.

El amor para muchos hombres es una cárcel, aunque también es un palacio en el que ellos se sienten los reyes del mambo. El patriarcado les ofrece una recompensa por entrar en la institución del matrimonio y de la familia:

podrán gozar de una empleada doméstica y una asistenta que les proporcionará cuidados y trabaje gratis para ellos, disponible las 24 horas del día. Este es quizás el privilegio al que más les cuesta renunciar: la doble jornada laboral de las mujeres les permite tener mucho más tiempo libre que sus compañeras, y, por lo tanto, mayor calidad de vida.

Hoy en día, el tema de las tareas domésticas es uno de los campos de batalla más importantes en las parejas y en las familias: las mujeres se están rebelando contra su papel de criadas y sirvientas, mientras que muchos hombres se resisten profundamente a compartir la responsabilidad de los cuidados y de las tareas domésticas, y se limitan a "ayudar" en casa.

Para los hombres, el amor es algo secundario en sus vidas; para las mujeres, el centro. Aprendemos a amar de manera diferente, nuestras aspiraciones y sueños son diferentes, nuestra forma de vincularnos es distinta, hasta nuestros deseos sexuales son diferentes. Por eso sufrimos tanto cuando nos enamoramos: los hombres y las mujeres hablamos idiomas diferentes y tenemos concepciones diferentes sobre el amor.

Muchas mujeres feministas soñamos con el amor que nos haga iguales a los hombres. Nos han vendido ese mito imposible que une el feminismo y el amor romántico para hacernos creer que, si encontramos a nuestro príncipe azul, podremos construir una relación igualitaria basada en el compañerismo, el respeto mutuo, la ternura, el placer, la cooperación, la solidaridad, la ayuda mutua y el trabajo en equipo. Soñamos con compartir la vida con un compañero honesto, leal, con el que poder luchar contra el patriarcado. Y de verdad, encontrar un hombre así resulta más difícil que encontrar una aguja en un pajar.

Mientras nosotras soñamos con los *hombres nuevos* que se trabajan los patriarcados, la mayor parte de ellos siguen soñando con la princesa que espera y ama incondicionalmente. Pero no la encuentran. Mientras nosotras buscamos hombres que no necesiten hacer sufrir a las mujeres para sentirse poderosos, muchos siguen coleccionando conquistas para aumentar su ego y sentirse muy machos. Las mujeres que ya no sufrimos por amor estamos desmontando toda la estructura que nos lleva a la sumisión voluntaria hacia los hombres a través del amor. Y una de las cosas que más nos estamos trabajando es mantenernos alejadas de los hombres que adolecen de problemas de masculinidad.

Ya hemos comprobado personalmente cómo nos afectan estos problemas de masculinidad, y ya sabemos que nosotras no hemos nacido para salvar a ningún hombre, ni para educarlo como si fuera un niño. Buscamos compañeros que puedan trabajarse sus patriarcados como lo hacemos nosotras, que puedan fabricar sus propias herramientas para aprender a relacionarse de una forma igualitaria, pacífica y amorosa.

Dado que en el colegio no nos enseñan a querernos bien, ni a resolver conflictos sin utilizar la violencia ni hacernos daño, ni a hablar sobre lo que sentimos, tendremos que buscar la manera de aprender. Nadie nos ayuda a gestionar las emociones fuertes, no sabemos comunicarnos asertivamente. No nos enseñan qué es el machismo ni nos proporcionan herramientas para trabajarlo, no nos enseñan teoría feminista. No sabemos de las luchas del feminismo en la historia. En las escuelas no nos enseñan a negociar mediante el diálogo, ni a relacionarnos sin utilizar la violencia. Así que, de momento, es un trabajo que nos toca hacer a cada uno de nosotros y nosotras. Hay que leer mucho, escuchar y conversar sobre estos temas para encontrar la manera de tratarnos mejor, de querernos mejor y de acabar con el machismo y el patriarcado.

Estamos en un momento histórico: la masculinidad patriarcal atraviesa una profunda crisis y ya no hay excusas para seguir alimentando el machismo que cada cual llevamos dentro. Llegó la hora de declararse en rebeldía contra los mandatos de género, de sacudirse los mitos de encima, de ponerse las gafas violetas, de hacer autocrítica individual y colectiva, y de activar la imaginación para diseñar entre todos y todas un mundo mejor.

No hay otro camino que el que nos lleva hacia delante: hay que analizar la realidad desde la que vivimos con un enfoque de género para comprender la manera en que construimos nuestra identidad masculina o femenina, y no binaria, y para entender por qué nos relacionamos y nos amamos de esta manera, y no de otra. Es un análisis desde fuera hacia dentro: consiste en ver cómo hemos interiorizado el patriarcado a través de la cultura y la socialización, cómo lo reproducimos y lo transmitimos a las nuevas generaciones, cómo nos organizamos en base a esa ideología, cómo nos afecta y afecta a nuestros seres queridos, cómo nos limita, nos hace sufrir y nos impide disfrutar del amor y de la vida.

Es un proceso apasionante, porque no se trata solo de deconstruirse y derribar prejuicios, mitos, estereotipos o normas de género. Se trata también de ponernos creativos para inventar otras masculinidades y otras formas de organizarnos y relacionarnos, diseñar nuevas estrategias para liberarnos del patriarcado y aprender a querernos sin miedos, sin relaciones de poder, sin abuso y sin violencia.

Entre todos y todas podemos encontrar la forma de vivir mejor, de querernos bien, de construir un mundo más igualitario, más pacífico, y más amoroso. Un mundo en el que quepamos todos y todas, y los derechos nos alcancen a todos y a todas.

En este libro encontraréis muchas preguntas que os pueden servir para generar nuevas preguntas y para trabajar —a solas, en pareja o en grupo— el tema de las masculinidades y los feminismos, las relaciones sexuales y sentimentales, y la forma en que los hombres se relacionan consigo mismos, entre ellos y con las mujeres.

La filosofía que impregna toda la obra defiende que otras masculinidades son posibles y otras formas de quererse son posibles: es un canto al optimismo y un llamamiento a la acción. Os invito a abrir vuestros corazones a la revolución del amor.

CAPÍTULO 1

LOS HOMBRES NO NACEN, SE HACEN

Hay muchas formas de ser hombre, depende de dónde nazcas, cuándo, a qué clase social pertenece tu familia, tu color de piel, la religión en la que te eduquen... Depende mucho de cómo tu padre y los hombres más cercanos de tu entorno viven su masculinidad, y de cómo te enseñan a "ser hombre". La mayor parte del planeta vive bajo la dictadura del patriarcado, pero aún quedan culturas que resisten a la globalización y tienen otras concepciones sobre la masculinidad, la feminidad y las relaciones entre hombres y mujeres. Son culturas pequeñas y minoritarias, pero estudiando un poco de antropología con enfoque de género podréis encontrar muchas formas diferentes de construir la masculinidad.

En el planeta Patriarcado también hay muchas formas de ser hombre: existen muchos disidentes que no obedecen los mandatos de género, no interiorizan los mitos de la masculinidad, ni reproducen los estereotipos ni los roles asociados a los hombres. Cada hombre, en mayor o menor medida, se rebela contra el patriarcado a su manera, pero la mayoría suele adaptarse para evitar quedar en los márgenes, y también porque sacan provecho y disfrutan de los privilegios que les concede el sistema solo por ser hombres.

La masculinidad patriarcal es una construcción social y cultural que se aprende, se interioriza, se reproduce y se transmite de generación en generación, igual que la feminidad. Se aprende en la escuela, en la familia, leyendo cuentos, viendo películas, escuchando música, viendo anuncios publicitarios, viendo partidos de fútbol, jugando con los demás niños, escuchando las conversaciones de los adultos.

Ya desde antes de nacer se nos asigna un género, y eso va a condicionarnos desde el vientre de la madre: las investigaciones han puesto al descubierto que nuestro tono de voz, el volumen y la melodía cambian según el género que le otorgan las autoridades sanitarias al bebé. También varía la forma de acunarlo, el tiempo que se tarda en ir a atenderlo y la cantidad de caricias, mimos y besos que recibe.

En muchos países del mundo, tener una niña es una desgracia absoluta. En India o China millones de mujeres abortan cuando descubren el sexo del bebé, pues los hombres tienen muchísimo más valor que las mujeres para las familias. Esto es el patriarcado: un sistema en el que a las niñas las matan antes o después de nacer (por omisión de cuidados y cariño), porque sus vidas no valen nada.

Todavía hoy, a los niños se les asignan todas las características de la masculinidad patriarcal desde pequeños: "¡Mírale qué fuerte, cómo se sostiene en sus piernas ya!"; "¡Mírale qué listo, cómo hace el rompecabezas!"; "¡Mírale qué bueno es parando la pelota!"; "¡Cómo corre, qué tío!". Mientras que las niñas reciben refuerzo positivo solo por su aspecto físico: "¡Qué guapa estás!"; "¡Qué vestido más bonito!", "¡Qué peinado tan lindo!", "¡Qué sonrisa tan encantadora!".

Según la lógica del patriarcado, los niños son más inteligentes que las niñas, más fuertes, más brutos, más interesados en el deporte que en las muñecas, tienen una inclinación mayor hacia la violencia que hacia el amor y se sienten atraídos antes por ganar cualquier competición que por cuidar a los demás. Forma parte de la sabiduría popular y está fuertemente impregnado en el imaginario colectivo: mucha gente cree que es cosa de la naturaleza, que los hombres son todos iguales, que la masculinidad es así.

Sin embargo, todos los niños aprenden a ser hombres. Desde que somos pequeños se nos prohíben y permiten comportamientos diferentes: a las niñas no nos dejan subir a los árboles, a los niños no les permiten llorar. A las niñas nos regalan bebés y cocinas, a los niños metralletas y guerreros. Las niñas jugamos a cuidar, mientras los niños juegan a matar.

Los adultos continuamente nos enseñan qué es lo que nos tiene que gustar, con quien nos tenemos que juntar, qué colores tenemos que usar, cómo nos tenemos que mover por el espacio, cómo nos sentamos o cómo cruzamos las piernas, cómo ha de ser nuestro tono y volumen de voz, qué posición ocupamos en la jerarquía del patriarcado, cuáles son las profesiones que podemos ejercer y cómo tenemos que utilizar nuestro poder sobre los demás.

A las niñas se nos pide que seamos sumisas, discretas, calladas, pasivas y encantadoras. Y a los niños les piden que sean valientes, activos, agresivos, luchadores y líderes de los grupos. Los padres y las madres nos van dando indicaciones: "Los niños no lloran"; "Las niñas no pelean"; "Si te atacan devuelve el golpe"; "Si te ataca es porque le gustas"; "Las niñas no se sientan así"; "Los niños no tienen miedo". Cuando un niño se muestra débil, se le compara con una niña. Todos los atributos negativos son de niñas, por eso cuando se quiere machacar emocional y psicológicamente a un niño, se le llama "niña" o "nenaza", para que se sienta humillado.

En el imaginario colectivo de los niños, las niñas son mentirosas, manipuladoras, cobardes, interesadas, frágiles, vulnerables, cursis, sensibles y tontas. Son seres despreciables, igual que los bebés y los maricones, otros dos insultos insoportables para los niños pues les degradan a una categoría inferior. Los niños van construyendo su imagen ideal de la masculinidad a través de sus héroes: primero sus padres, luego los héroes de la cultura patriarcal. Los protagonistas de las narrativas masculinas son superhombres con poderes especiales, y todos utilizan la violencia para conseguir sus objetivos, para acabar con el enemigo, para cumplir su misión, para obtener lo que desean. Lo mismo los malos de la película que los buenos: todos matan.

Los héroes masculinos son tipos duros que ni sienten ni padecen, al contrario que las protagonistas femeninas, mujeres hipersensibles y devotas del amor que esperan a ser rescatadas por su príncipe azul. Los hombres siempre tienen una misión que cumplir, más importante que sus propias vidas, y a lo largo de la trama están solos o con otros hombres. En los grupos de hombres hay mucha admiración, compañerismo y amor, pero tienen prohibido el sexo entre ellos. Su relación con las mujeres ha de ser desde arriba; pronto aprenden que pueden utilizarlas como sirvientas o como objetos sexuales: no hay amistad posible con ninguna mujer en la mayor parte de las historias que nos cuentan.

Los héroes de nuestra cultura no disfrutan del sexo ni del amor porque nunca van a la cama desnudos: follan con su armadura y su casco puestos, siempre alerta para no enamorarse. Todos guardan su corazón para cuando llegue el momento de ir al encuentro de su princesa, esa mujer especial y diferente a las demás que les amará incondicionalmente y nunca les traicionará.

Los niños que no obedecen al patriarcado y no admiran este tipo de masculinidad hegemónica pagan un precio muy alto por su rebeldía: serán objeto de burla, acoso y agresiones por parte de los demás toda su vida, pero especialmente en la escuela. Si no responden con violencia a los ataques, entonces tendrán que ocupar siempre una posición de inferioridad con respecto a los machos alfa, sus seguidores. Probablemente serán apartados del grupo, y se sentirán muy solos hasta que se unan a otros disidentes como ellos.

También hablamos de niños homosexuales, niños transexuales, niños con discapacidades, enfermedades o malformaciones, niños afeminados, niños bajitos o muy delgados, niños extranjeros y refugiados... Niños "raros" que no encajan en los estereotipos de la masculinidad patriarcal y que son rechazados y humillados por los grupos de machos alfa.

Los niños obedientes al patriarcado, por su parte, tampoco lo pasan muy bien intentando convertirse en machos alfa. Se pasan la vida teniendo que demostrar su hombría, sus habilidades físicas, su valentía y su potencia sexual para no ser objeto de las burlas de sus compañeros. De adultos seguirán igual, teniendo que parecer muy machos delante de todo el mundo, tragándose las lágrimas, el miedo, la pena, el desamparo, la desolación y cualquier emoción que no sea la rabia y la ira.

Además, los más obedientes y sumisos al orden patriarcal tendrán problemas para relacionarse con las mujeres. En un momento en el que cada vez hay más mujeres en lucha, desobedeciendo y dinamitando las bases de la feminidad patriarcal, los hombres se enfrentan a uno de los mayores desafíos que les plantea la historia de nuestro tiempo presente: ¿Cómo aprender a relacionarse con mujeres libres que ya no sufren por amor?

CAPÍTULO 2

LOS HOMBRES Y EL PODER

Vivimos en un mundo muy violento en el que los hombres luchan entre sí por acaparar los recursos, las tierras y el poder. El resultado está a la vista: millones de personas viven en condiciones de extrema pobreza, sufren la guerra y el exilio, o soportan jornadas laborales terribles en condiciones de semiesclavitud. El planeta se encuentra en los inicios de un colapso ecológico de magnitudes catastróficas. La situación es más o menos esta: un grupo pequeño de hombres domina el planeta. La mayor parte de ellos son ricos, blancos y occidentales: ellos son los que ponen y quitan gobiernos, los que empiezan y acaban las guerras, los que imponen las leyes y manejan el poder judicial, los que manipulan a la opinión pública, los que paran movimientos sociales potencialmente peligrosos para sus intereses a través de sus medios. Son los dueños de los medios de producción y de comunicación, de las tierras, del capital financiero, de las industrias, de los parlamentos: gobiernan a golpe de talonario, comprando políticos y funcionarios, policías y jueces, senadores y diputados, alcaldes y concejales, dueños de medios de comunicación y periodistas, intelectuales y famosos para que trabajen a su servicio.

Debajo de ellos, están los demás hombres con poder: empresarios, presidentes de las naciones y altos cargos de gobierno, líderes espirituales (pastores evangélicos, obispos católicos, imanes musulmanes, rabinos). Todos ellos utilizan su poder para enriquecerse a costa de los demás: el sistema patriarcal y capitalista es un sistema de explotación de la mayoría por parte de unos pocos. El resto de los hombres, y todas las mujeres, viven por debajo de ellos en la jerarquía. Pero no juntos: las mujeres siempre por debajo de los hombres, sean ricos o pobres.

La mayoría de las mujeres de este planeta vivimos al servicio de los hombres, en algunos casos, obligadas, en otros, encantadas. Estamos doblemente explotadas porque tenemos doble jornada laboral, una fuera y otra dentro de casa. Fuera de casa servimos al patrón, y dentro de casa, al rey del hogar, al que lleva los pantalones, al que manda sobre todos los miembros de la familia.

La mayor parte de los hombres de este planeta se beneficia del amor y de los cuidados, primero de sus madres y mujeres de la familia, y luego de sus esposas e hijas. Algunos no pasan un momento de sus vidas sin tener cerca a una mujer que les cocine, les lave, les planche, les cure cuando están enfermos, les cubra todas sus necesidades básicas para la supervivencia, incluidos los mimos, el sexo y el amor.

No importa si son obreros o empresarios, si son muy ricos o muy pobres: el patriarcado nos hace creer que todo hombre tiene derecho a tener su criada particular dispuesta a servirle hasta que la muerte los separe. Los que no tienen madre ni esposa, pagan a una sustituta porque les sale muy barato: cuidar, criar, educar y limpiar son los oficios peor pagados del mundo, y los menos valorados. Hay mucha mano de obra, barata también, para alquilar mujeres que satisfagan los deseos sexuales y reproductivos de los hombres.

El poder masculino es universal: los hombres tienen casi todo el poder político, económico, mediático y judicial, y lo ejercen de manera legal (democracias y otros regímenes políticos) e ilegal (mafia, narco, trata de esclavas sexuales y de órganos, tráfico de personas y de bebés). El espacio público continúa siendo, por lo general, el espacio de la masculinidad: vean las fotos del inicio del año judicial en España, por ejemplo, sin mujeres, para que entiendan un poco de qué estamos hablando. Hay muchas mujeres juezas, pero apenas hay mujeres que ocupen puestos de poder. Y lo mismo ocurre en las universidades, los sindicatos, los partidos políticos, las instituciones, las empresas y los organismos internacionales.

En los países desarrollados estamos aumentando nuestra presencia en el espacio público, pero el techo de cristal nos impide alcanzar los puestos de poder y toma de decisiones. Y este techo es invisible porque ninguna ley nos prohíbe acceder a ellos. Lo que nos dificulta la llegada a los puestos de poder es la creencia de que las mujeres no sabemos ejercer el poder de forma autoritaria, nuestra palabra y nuestra experiencia valen menos, nuestros títulos no son tan válidos. Nos ridiculizan en las reuniones de empresa con bromas machistas, se apropian de nuestras ideas en los proyectos de tesis doctorales, nos sitúan siempre en un segundo plano: nos ven más como asistentas o secretarias que como lideresas. Hace falta tener un nivel altísimo de autoestima y confianza en una misma en un mundo hecho por y para los hombres. Además, está el tema de la maternidad y la crianza: el mercado laboral nos penaliza y la conciliación es un mito. Si no renunciamos al trabajo, no podemos criar a nuestros propios bebés en sus primeros años de vida. Si renunciamos al trabajo, dependemos económicamente de nuestra pareja o familia, y luego nos costará reincorporarnos al mercado laboral. La maternidad interrumpe nuestras carreras, y muchas tienen que elegir entre ambas. Las mujeres que son madres no pueden asumir los extensos horarios que esclavizan a los hombres en las oficinas, y las que los asumen pagan un precio muy alto por ello (ver a sus hijos solo los fines de semana).

Las reglas del juego benefician a los hombres: juegan con ventaja porque tienen menos obstáculos para desarrollar su carrera, mejores salarios, más oportunidades de ascenso y más tiempo libre que sus compañeras. Otra de las ventajas que tienen los hombres es que no les matan por ser hombres. Los asesinos pueden odiar su color de piel o su clase social, pero no su masculinidad: les matan por tierras, dinero, deudas, racismo, clasismo, xenofobia, pero no les matan por haber nacido hombres. Más beneficios de ser hombres: no sufren mutilación genital, no sufren violencia obstétrica, ni les despiden del trabajo si van a ser papás. No les pagan menos salario por ser hombres, ni tampoco sufren acoso sexual en todas partes y a todas horas del día. No caminan con miedo a ser violados por la calle, ni sufrirán violaciones en su matrimonio heterosexual. No tienen que usar un vagón especial en el metro para evitar tocamientos, no les secuestrarán para esclavizarlos en redes de trata, ni amenizarán las fiestas de manadas de chicos cargados de testosterona.

En el planeta Patriarcado los hombres tienen más derechos que las mujeres. Se les escucha más cuando opinan en un debate, reciben más atención de los profesores cuando hablan en clase, los periodistas les sacan más en los medios y están en los libros de historia, en los parlamentos, los ministerios, los altares, los juzgados, los escenarios, los organismos internacionales, los estadios, los congresos y las cumbres.

Muchos de sus antepasados se apropiaron de los trabajos de investigación y de las obras de sus hijas, de sus esposas y de sus hermanas. Muchos siguen haciendo lo mismo en laboratorios y universidades hoy en día: el trabajo de las mujeres sigue siendo invisibilizado, plagiado y ninguneado.

Lo mismo en las ciencias que en las artes o en los deportes: nuestro trabajo siempre vale menos. Por eso no conceden muchos menos premios Nobel u Óscar, porque casi todo el espacio público es de ellos, excepto lo que tiene que ver con la ropa, la belleza, la cosmética, la cocina o la moda. Sin embargo, los cocineros, los estilistas y los diseñadores mejor pagados del mundo son hombres.

Esta forma de acumular poder y recursos está basada en una profunda insolidaridad de la mitad de la población hacia la otra mitad. Que los hombres tengan la titularidad de las tierras que trabajan las mujeres puede ayudar a que os hagáis una idea de cómo está el asunto: la pobreza tiene rostro de mujer en todo el mundo.

Las mujeres no solo somos más pobres, sino que soportamos sobre nuestros hombros todo el peso del capitalismo: somos nosotras las que gestamos, parimos, criamos y educamos a los futuros trabajadores, las que alimentamos a los adultos asalariados, las que aseguramos sus condiciones de supervivencia, y las que, además, trabajamos para contribuir a la producción capitalista. Es decir, nos encargamos de todo: producción y reproducción, cuidados y crianza, limpieza y alimentación, administración y organización familiar.

Los hombres no solo tienen el dinero, las tierras, los medios y los puestos de poder, también gozan de mucho más tiempo libre que nosotras, y la mayoría tiene servidumbre gratuita con el plus del amor. Porque pueden pagar, pero nadie les cuida como la mamá o como la esposa, nadie les aguanta ni les da tanto amor como ellas.

Pertenecer al género masculino otorga privilegios desde el nacimiento. Porque, aunque los demás les rechacen por su origen, su edad, su orientación sexual o su clase social, siempre serán hombres, y siempre tendrán por debajo a las mujeres. Y de alguna manera, todos se benefician de este sistema en el que la mayor parte de las mujeres viven explotadas y no tienen acceso a la riqueza que generan. Así, pues, los hombres se aprovechan, por ejemplo, de la ropa cosida por niñas a un precio irrisorio, de las mujeres que limpia en su casa o el hotel de lujo donde se alojan por unos pocos euros, de las chicas dispuestas a darles todo a cambio de unas migajas de su amor o de aquellas a las que pagan para sentirse poderosos penetrando sus cuerpos, de las esclavas sexuales que alquilan a otros hombres para sus fiestas con la manada, de las primas o hermanas que sirven y recogen la mesa en la cena de Navidad, de las empleadas que les traen café al despacho y tienen que sonreír cuando les lanzan un piropo por miedo a perder su empleo, de las chicas que follan frente a la pantalla mientras ellos se hacen pajas, de las madres pobres que gestan y les venden sus bebés para que puedan ser papás. Son muchas las mujeres que los hombres tienen por debajo y de cuya explotación se benefician.

Y sí, también nosotras las mujeres nos beneficiamos de la explotación de mujeres más pobres, también hay mujeres ricas y pobres, mujeres blancas y racializadas, mujeres en puestos de poder y mujeres migrantes, jefas y empleadas. Por eso el feminismo tiene que ser interseccional: es imposible construir un mundo mejor si no acabamos con todas las jerarquías que nos separan según nuestra identidad de género, etnia, color de piel, nacionalidad, edad, orientación sexual, clase socioeconómica, religión, discapacidades, etc.

Nosotras las feministas llevamos años trabajando en lo personal y en nuestros propios colectivos para expulsar al patriarcado de nuestras estructuras, de nuestras relaciones y de nuestras emociones. Estamos trabajando para poder hacer de este un mundo mejor, más amoroso, igualitario, sostenible y pacífico, en el que todos y todas tengamos los mismos derechos.

Nosotras somos cada vez más y lo tenemos cada vez más claro: sabemos que lo personal es político. Por eso estamos en dos frentes de batalla a la vez: luchamos por la igualdad en casa y en la cama, y luchamos en las calles, en las plazas, en nuestros centros de trabajo, en nuestros colectivos.

Nuestra lucha es pacifista: luchamos a solas y unidas, para sobrevivir y para acabar con la guerra contra las mujeres y las niñas en todo el mundo.

Y vosotros, ¿qué estáis haciendo para contribuir a esta revolución?, ¿qué cambios vais a llevar a cabo en lo personal?, ¿a qué esperáis para empezar a plantearos cómo usáis el poder, cómo oprimís y cómo os oprimen? ¿Cómo hacemos para liberarnos todos juntos y a la vez?

CAPÍTULO 3

LOS HOMBRES Y LAS MUJERES

Me pasé toda la infancia odiando a las niñas. No soportaba que me insultaran diciéndome que me parecía a ellas. No me gustaba jugar con ellas, y todas me parecían seres inferiores y despreciables. Ellas eran todo lo que uno no quería ser. Sentía un profundo rechazo por todo lo femenino, y mi amor por mi madre, mi abuela y mi prima me generaban una profunda contradicción interna, porque ellas eran del bando de "las otras". Ni mis amigos ni yo permitimos nunca que las niñas jugaran con nosotros, y recuerdo el día en que una niña dos años mayor que nosotros se plantó en el campo de fútbol, nos quitó la pelota, exhibió sus artes con el balón y nos humilló a todos. Creo que nos sentimos tan inferiores, que a partir de entonces se intensificaron nuestros ataques contra las niñas. Nos encantaba molestarlas, ridiculizarlas y hacerlas llorar. Nos hacía sentir tan poderosos ver su impotencia cuando les dábamos collejas o les poníamos la zancadilla para que cayeran de bruces en el suelo... Mi gesto favorito era hacer como que las pegaba un puñetazo en la nariz sin tocarlas: su cara de espanto y su enfado me hacían sentir el amo del mundo. Nunca me castigaron, solo una profesora me echó un día una charla sobre la importancia de tratar bien a las niñas que me entró por un oído y me salió por otro.

Todo cambió en la adolescencia: mis amigos empezaron a desarrollarse, a mirar a las chicas con deseo y a ligar con ellas. Yo tardé un poco más en experimentar el despertar sexual y la revolución hormonal, y durante ese tiempo me reía de mis amigos, poseído por el miedo a que se fueran del grupo o dedicasen más tiempo a las chicas que a nosotros. Cuando me acerqué a ellas, comprendí que tenía que follármelas sin enamorarme. Pero la única manera de follármelas era haciéndoles creer que estaba enamorado. Así que prefería a aquellas a las que no había que hablarles de amor, a aquellas que se prestaban a ser utilizadas para la descarga sexual y que servían para hacernos sentir muy machos y para despertar la envidia y la aprobación de los demás. Las tratábamos como piezas de caza y como objetos, y teníamos claro que no queríamos ser "el amigo", ni tampoco vincularnos emocionalmente para evitar ser manipulados.

Yo a las mujeres las veía muy necesitadas de amor y eso me generaba un profundo desprecio. Las veía muy interesadas, manipuladoras, traicioneras y mentirosas, y recuerdo que mi abuelo siempre me prevenía contra ellas: "No te dejes cazar como yo, disfruta de tu juventud, hijo, que luego están siempre intentando dominarte. Las mujeres te quitan tu poder y tu libertad: no te dejes, no seas un calzonazos, eres un hombre".

Algunos de mis amigos cayeron en la trampa y se enamoraron, y unos años después empezaron a casarse. El primero fue por un fallo con el condón, era muy joven. A mí me pareció horrible eso de tener que asentar la cabeza y formar una familia con una de ellas, y a veces les vi ir al matrimonio como quien va al matadero, se sentían condenados a casarse por las presiones sociales y familiares que recibían. No entendía como los hombres, y sobre todo mis amigos, que habían sido toda su vida anti-niñas y anti-mujeres, podían caer en esa trampa del amor romántico si lo único que ellas querían era aprovecharse económicamente de ellos y tener hijos para amarrarlos.

Hasta que a los 30 me enamoré de una mujer feminista, y mi vida se transformó. Tuve que trabajarme todo ese odio y ese miedo hacia las mujeres, revisarme por dentro y trabajar mi inseguridad y mis complejos de inferioridad y de superioridad, tuve que replantearme toda mi masculinidad para liberarme de esos prejuicios que me acompañaron toda la vida. Ha sido un trabajo doloroso, pero apasionante: hoy puedo decir que apoyo la lucha feminista 100 por cien, y que el feminismo me está ayudando a ser mejor persona y a disfrutar más del sexo y del amor.

Este es el testimonio de uno de mis alumnos de los cursos de la Escuela del Amor, y resume muy bien la relación que establecen los hombres con las mujeres desde que son niños: primero aprenden a odiarlas y a tratarlas mal, luego a utilizarlas para el sexo y para demostrar su virilidad, y luego se tienen que casar con ellas y formar equipo para fundar una familia feliz.

La relación entre hombres y mujeres no está basada en una guerra de sexos, sino en una guerra de los hombres contra las mujeres que se traduce en violaciones, torturas y asesinatos a diario, a todas horas, en todas las partes del mundo. Las mujeres vivimos en una dictadura en la mayor parte de los países: vivimos en condiciones de opresión y explotación porque tenemos doble jornada laboral y cargamos con todo el peso de los cuidados, la crianza y las tareas domésticas. Muchas mujeres viven encerradas en sus casas sirviendo a los hombres de la familia; una de cada tres ha sufrido agresiones y violencia sexual al menos una vez en su vida, y demasiadas sobrellevan relaciones de maltrato emocional, mental y físico.

Según el *Balance de criminalidad*, elaborado por el Ministerio de Interior de España en agosto 2018, se denuncia una violación cada cinco horas. Pensemos en todas las violaciones sin denuncia, especialmente las que sufren las niñas y las que sufren las mujeres en sus propias casas a manos de maridos, novios, padres, padrastros, etc.

Visto desde esta perspectiva, resulta muy difícil querernos bien en estas condiciones. Si para los hombres el amor es una trampa que les lleva a tener que mantener económicamente a una mujer e hijos, y, por lo tanto, a trabajar sin descanso, para las mujeres es a veces una trampa mortal.

Vivimos en un sistema de dominación y sumisión, y las relaciones entre nosotros se construyen mediante luchas de poder: como en cualquier sistema fascista o absolutista, las mujeres nos rebelamos y formamos grupos de resistencia feminista para luchar contra el patriarcado, y para ayudarnos las unas a las otras. Luchamos por nuestra libertad y nuestros derechos, pero vamos desnudas, sin armas, sin organizarnos en ejércitos, sin escudos de protección. Hemos constituido un movimiento pacifista y estamos haciendo la revolución sin derramar una sola gota de sangre. Por eso es tan importante que entendamos que lo que pasa entre hombres y mujeres no es una guerra de sexos, sino una guerra mundial contra las mujeres en la que nosotras no matamos, ni violamos, ni torturamos a los hombres: luchamos sin utilizar la violencia.

Incluso aunque las mujeres tengamos independencia económica, nos vemos arrastradas por la necesidad brutal de ser amadas por un hombre, y nos sometemos a ellos para que nos acepten, nos amen y nos protejan de los demás hombres. Las mujeres al amar nos sacrificamos, renunciamos a nuestra libertad, otorgamos todo nuestro poder al hombre que amamos. Intentamos no brillar para no asustarle, tratamos de adaptarnos a su mito de la princesa: hacemos demasiadas renuncias y sacrificios por unas migajas de amor.

Las mujeres invertimos toneladas de energía, de tiempo y de recursos en encontrar pareja porque nos han hecho creer que solas no somos nada, si acaso una mitad incompleta. Buscamos quien nos quiera, y los hombres patriarcales buscan quien les alimente, les tenga limpia la ropa, les cuide cuando enferman. Las mujeres patriarcales ofrecen sexo a cambio de amor, y los hombres dan amor a cambio de sexo: cada cual tiene sus intereses con respecto a la pareja, cada cual tiene su modelo de amor idealizado, y cada cual aprendió a amar de una manera diferente, según el género que le asignaron al nacer.

Es casi imposible formar equipo y quererse con un amor compañero porque para los hombres las mujeres somos las enemigas, y el amor es una guerra que hay que ganar siempre. Se juegan su identidad masculina y su posición en la manada: ellos nunca quieren sufrir ni pasarlo mal, no quieren verse ciegos de amor, ni estar a merced de una mujer que les manipule y les destroce el corazón.

Con el resto de las mujeres, los hombres tienen relaciones de explotación, especialmente con las mujeres de la familia, que les atienden y les cuidan con amor. En el ámbito laboral suelen estar por encima de ellas (ellos son los jefes o los dueños de los medios de producción), en el espacio público también. Son pocos los hombres que logran tener relaciones de amistad y compañerismo con las mujeres, quizás porque creen que están obligados a tener relaciones sexuales con ellas y generalmente se sienten heridos si no son correspondidos.

Para que cambien las relaciones entre hombres y mujeres, tenemos un trabajo descomunal de autocrítica individual y colectiva: hay que acabar con el sistema de explotación femenina y con la violencia machista, hay que diversificar las masculinidades y las feminidades, hay que cambiar nuestra forma de organizarnos social, política, sexual y afectivamente, hay que aprender a querernos sin miedos y sin necesidad de dominarnos o someternos. Hay que terminar con las luchas de poder y empezar a construir relaciones igualitarias, libres, sanas y basadas en el placer y en la ternura. Duren lo que duren: tenemos que aprender a relacionarnos amorosamente entre nosotros, porque hay muchas formas de quererse, y porque la vida hay que disfrutarla rodeados de mucho amor, amor del bueno.

CAPÍTULO 4

LOS HOMBRES Y EL MIEDO A LA POTENCIA SEXUAL DE LAS MUJERES

El miedo de los hombres a la potencia arrasadora de la sexualidad femenina ha sido uno de los principales motivos para encerrar a las mujeres en el ámbito doméstico, para cubrir sus cuerpos, para mutilarlos (tres millones de niñas al año son castradas a manos de sus familiares[2]), y para estigmatizarnos como si fuésemos seres más próximos a la animalidad y a la irracionalidad que a la cultura y la civilización.

La mayor parte de los monstruos de las culturas patriarcales son seres femeninos de una gran belleza. Son mujeres muy eróticas, voraces, insaciables sexualmente, apasionadas, crueles hasta el extremo. Es el caso, por ejemplo, de diversas figuras mitológicas como las gorgonas, las harpías, las erinias, las amazonas, las sirenas, la Esfinge, los súcubos, Medusa, las lamias, las centáurides, las empusas, Artemisa, Afrodita, etc., o de diosas monstruosas como Andras (un espectro bisexual), Astartea (el ángel del infierno), Gomory (la maestra del sexo), Is Dahut (la amante insaciable), Perséfone (la

---

2. Unicef (2016): *Female Genital Mutilation/Cutting: A Global Concern*, Nueva York.

reina del inframundo), Zalir (la lesbiana) o Zemunín (la prostituta).

El imaginario colectivo está lleno de mujeres malas como Pandora (en la antigua Grecia), Lilith (en la cultura hebrea) y Eva (en la cristiana), cuya curiosidad corrompió la natural bondad del hombre. Lilith fue considerada la primera esposa de Adán en la literatura rabínica. En las leyendas populares hebreas es el espíritu del mal y de la destrucción, un demonio animal con rostro de mujer. Dios no la creó a partir de la costilla del primer hombre, sino de "inmundicia y sedimento". Tal como cuenta Erika Bornay en *Mujeres de la biblia en la pintura del barroco: imágenes de la ambigüedad* (1998), Lilith y Adán nunca encontraron la paz, principalmente porque Lilith, no queriendo renunciar a su igualdad, discutía con su compañero sobre el modo y la forma de realizar su unión carnal. Lilith consideraba ofensiva la postura recostada que él exigía: "¿Por qué he de acostarme debajo de ti?", preguntaba. "Yo también fui hecha de polvo, y, por consiguiente, soy tu igual". Como Adán trató de obligarla por la fuerza, Lilith, airada, pronunció el nombre mágico de Dios, se elevó en el aire y lo abandonó. La diablesa huyó del Edén para siempre y se fue a vivir a la región del aire "donde se unió al mayor de los demonios y engendró con él toda una estirpe de diablos".

Las religiones monoteístas, en general, están obsesionadas con el deseo de la mujer. Su principal objetivo es controlar el erotismo femenino y reducirlo a la tarea de la reproducción. La moral patriarcal ha dividido a las mujeres en dos grupos: por un lado, las malas, que son sirenas que quieren destruir a los hombres utilizando sus encantos; y, por otro, las princesas rosas de Disney. Las primeras son malas porque son promiscuas e insumisas frente a la autoridad masculina y no se sienten objetos pertenecientes a ningún dueño. Las segundas son las elegidas para ser madres y esposas, son mujeres complacientes y bondadosas que reparten amor y cuidados gratis sin pedir nada a cambio.

El afán del patriarcado por dominar a las mujeres se sustenta en la idea de que su cuerpo no es de su propiedad, sino del hombre con el que se casan, del cura que las confiesa, del médico que las explora, del gobernador que ejecuta las leyes, de los parlamentarios que las aprueban. Su cuerpo reproductor es un bien social, como el de los animales. Por eso la maternidad se contempla como algo obligatorio, natural y necesario para las mujeres: somos vistas como reproductoras de hombres. Y por eso nos consideran también una fábrica de producir bebés para su compraventa: somos herramientas para que otros cumplan sus sueños, cuerpos para suministrar placer y felicidad a aquellos que puedan pagarlo.

A lo largo de la historia, a las mujeres que, haciendo ejercicio de su libertad, han elegido un camino distinto les ha tocado morir torturadas, asesinadas o quemadas en la hoguera. La figura de la bruja, la vampiresa, la loba, la hiena, ha sido común para representar a las mujeres con poder y con autonomía sobre sus cuerpos. La mujer que nunca se sacia forma parte de las pesadillas del imaginario patriarcal, razón por la que el machismo intenta que valoremos a las mujeres por su capacidad para reprimir su deseo sexual. Y aquí está la perversidad del asunto: no nos lo prohíben, pueden hacer que nosotras mismas nos lo prohibamos o que lo vivamos con culpa.

En nuestra cultura, las mujeres que han disfrutado de su cuerpo y de su sexualidad han sido siempre estigmatizadas socialmente y acusadas de malas mujeres, mujeres de vida alegre, mujeres de la calle, putas o ninfómanas. Las mujeres han tenido que recurrir siempre a cómplices y ayudantes para poder vivir su sexualidad al margen de la moral patriarcal: alcahuetas, celestinas o criadas eran las que ayudaban a las mujeres recluidas en sus casas y destinadas a un matrimonio de conveniencia. Ellas facilitaban los acercamientos masculinos, el establecimiento de las citas clandestinas, el reparamiento de virgos antes de las bodas, el adulterio sostenido de las casadas... Y es que la hipocresía cristiana y burguesa daba por sentado que las mujeres no tenían deseos propios y que su deber era guardarse del deseo masculino, siempre potente y desbocado. El clítoris fue "descubierto" en el siglo XVI y "redescubierto" por la sexología a finales del XIX. El orgasmo múltiple en el XX. Cuando digo que fue "descubierto" me refiero a que lo descubrió la ciencia, que hasta entonces había sido exclusivamente cosa de hombres. Para la opinión pública supuso un escándalo constatar no solo que la sexualidad femenina no es inferior ni más débil que la masculina, sino que es probablemente más placentera, como apuntan Pascal Bruckner y Alain Finkielkraut en su libro *El nuevo desorden amoroso* (1979), en el que hablan fascinados sobre el placer de las mujeres, que no se descarga y muere, sino que es capaz de perderse en las cimas del placer sin descender de ellas durante mucho tiempo.

Lo que hace incomprensible la función del orgasmo múltiple para los científicos es que en el caso de los hombres, el orgasmo es esencial para la inseminación: las embestidas empujan a los espermatozoides dentro de la vagina. El óvulo de la mujer, sin embargo, es expulsado naturalmente por el ovario una vez al mes, independientemente de su respuesta sexual.

En *Anatomía del amor. Historia natural de la monogamia, el adulterio y el divorcio* (2007), Helen Fisher expone que la principal causa del orgasmo femenino radica en el placer que siente la mujer: "Para la mujer el orgasmo es un viaje, un estado alterado de conciencia, una realidad diferente que la eleva por una espiral que llega hasta el caos, y que luego le proporciona sensaciones de calma, ternura y cariño que tienden a cimentar la relación con el compañero".

Tradicionalmente, la sexualidad femenina se ha entendido como subalterna, se concibe en torno a los deseos de los hombres, se comprende como una prueba de la potencia sexual de los hombres y no de la capacidad para disfrutar del sexo que tenemos de manera natural todas las mujeres. El machismo se ha apropiado del orgasmo femenino para alimentar el ego del macho y lo prueba el hecho de que muchas fingen tenerlo para no herir a su compañero.

Las mujeres que ya no sufrimos por amor lo vemos claro: a muchos hombres les hace falta aterrizar en la realidad y tomar conciencia de su egoísmo, de sus miedos y de sus limitaciones a la hora de disfrutar del amor con sus compañeras sexuales. Cuando hablamos sobre el tema, pensamos que si supieran lo mal que follan, si tomaran conciencia de lo reprimidos que están y lo limitados que son algunos en su sexualidad y en su erotismo, podrían hacer un poco de autocrítica, preguntar a sus compañeras, tomar nota y trabajarse por dentro para convertirse en un buen amante.

En la actualidad, 200 millones de mujeres son mutiladas en todo el planeta[3]: sin capacidad para tener orgasmos serán mujeres fieles a sus maridos. Si se mutilan masivamente es porque se sabe que todas las mujeres tienen una sexualidad tan "fuerte" como la del hombre, y por eso se trata de eliminarla o, al menos, controlarla.

El miedo a la sexualidad femenina lleva a los hombres a intentar regularla, limitarla para que no se desparrame y provoque el caos social y económico. El fantasma de la promiscuidad y la voracidad sexual femenina sigue

---

3. Unicef (2016): *Female Genital Mutilation/Cutting: A Global Concern*, Nueva York.

planeado en nuestra cultura como un peligro que atenta contra la inocencia de los niños y niñas, la estabilidad de las familias, las buenas costumbres y el orden de las cosas. Las preguntas que podemos hacernos para trabajar este tema son: ¿cómo llegar a conocer la sexualidad de las mujeres?, ¿cómo aprender a escuchar los cuerpos y las voces de las mujeres?, ¿cómo trabajarse este miedo ancestral al placer femenino?, ¿cómo sufrir menos y disfrutar más del sexo con mujeres empoderadas que saben lo que quieren?, ¿cómo llegar a tener relaciones libres de miedo al fracaso con las mujeres?

CAPÍTULO 5

LOS HOMBRES Y EL SEXO:
¿DISFRUTAN REALMENTE EN LA CAMA?

Cuando leí el capítulo de Pascal Bruckner y Alain Finkiel-kraut sobre la sexualidad masculina me quedé impactada. En el libro citado anteriormente, ambos autores hablaban de la sexualidad pobre y limitada que viven la mayor parte de los hombres del planeta Patriarcado. Disertan con pasión sobre los multiorgasmos femeninos, y sobre la capacidad femenina para disfrutar con todas las zonas erógenas del cuerpo durante horas. Resaltan la intensa admiración que les producen las olas de placer que sentimos las mujeres durante tanto tiempo cuando hacemos el amor con un hombre o una mujer que nos gusta mucho y que se presta al amor y al placer sin prisas ni miedos. Y maldicen la muerte del placer en el macho cuando eyacula y pierde toda su fuerza sexual en el acto frente a la infinitud del placer femenino cuando se expande con toda su energía erótica.

Algunos alumnos de mi Escuela del Amor nos han hablado de la intensa presión que sienten a la hora de ir a la cama con una mujer. Están tan ocupados en cumplir con la misión de emitir la prueba de su virilidad (el semen) que no pueden disfrutar del camino, solo alcanzar cierto alivio cuando llegan a la meta. Están tan aterrorizados con la idea de "fracasar" que solo piensan en su erección y en su pene, y se les olvida que hay otra persona con ganas de divertirse, de pasarlo bien y de disfrutar. Por eso muchos no escuchan a las mujeres con las que intiman, no entienden el ritmo de su sexualidad, no leen las señales de sus cuerpos ni sus gemidos. Los machos solo piden un recuento de orgasmos al final para sentirse orgullosos de sí mismos.

Esta presión por "triunfar" les mantiene centrados en su falo, como si fuera lo único importante en el mundo, como si fuera la medida de todas las cosas. Les produce mucha angustia la posibilidad de no dar la talla, sobre todo ahora que las mujeres hablamos de sexo, sabemos de sexo, nos encanta practicarlo y somos dueñas de nuestro placer y de nuestros orgasmos.

LAS POLLAS ASUSTADAS

Las pollas de los hombres están asustadas, y algunas están agotadas: emplean mucho esfuerzo en tratar de ofrecer la mejor imagen de sí mismas. El mercado está lleno de productos mágicos para enderezarlas o hacerlas más grandes, para que se parezcan a las inmensas pollas del porno. Las pollas reales se comparan con esas inmensas pollas y se sienten chiquitas, acomplejadas, tristes y frustradas.

A veces las pollas se enfadan y embisten contra lo que sea con tal de recuperar su dañada autoestima, se imponen sobre cuerpos ajenos para penetrar todos sus agujeros, se corren dentro para dejar su huella y lucir su potencia. Arrasan con todo lo que encuentran a su paso, sin medir el dolor de su violencia en los coños y en los culos que violan sin piedad para subir su autoestima.

A las pollas les gusta exhibirse cuando son grandes y jóvenes, pero se esconden como ratas cuando son pequeñas, cuando no funcionan debidamente, cuando sus dueños sufren enfermedades físicas o dolores del alma. Las pollas son muy delicadas y tienen una relación muy compleja con el cerebro que las maneja. A veces se rebelan y funcionan a otro ritmo, sin que el dueño pueda controlarlas. Las pollas no son robots programados para el éxito: no siempre obedecen cuando se les pide que cumplan con su deber. Si no se sienten a gusto, si no se sienten libres, si no se sienten cuidadas, si no se sienten en confianza, se rebelan y no se levantan. O se levantan y se vacían en dos minutos, y, después de cumplir con su obligación, vuelven a refugiarse en su capullo.

Así están las pollas: disociadas de los machos a los que pertenecen. Desorientadas en un momento en que los coños y los culos están cambiando a velocidades inauditas: ya no se callan ni aguantan lo que les echen encima. Ahora se abren gozosos al placer y al amor, y están deseando explorar más allá de los límites que impone el patriarcado. Otras posturas, otros ritmos, otras formas de relacionarse: los cuerpos de las mujeres ya no se someten a las normas del sexo patriarcal, y los hombres no saben muy bien cómo actuar frente a esta sexualidad femenina que es cada vez menos sumisa y más complaciente.

Las mujeres ya no nos sentimos tan obligadas como antes a fingir orgasmos para no dañar la autoestima y el ego de los machos. Nuestra sexualidad es mucho más diversa y compleja porque no excluye las emociones ni los sentimientos y porque no tiene un final: nuestro erotismo no se limita a los genitales, ni desaparece después de un orgasmo. Así que cada vez somos menos las que ponemos cara de satisfacción para no herir al macho. Esto a algunos les hace sentir acomplejados, y a otros les está permitiendo abrir sus horizontes, aprender a escuchar y tener empatía con la persona con la que practican sexo.

Nos queda mucho para sincronizar nuestro placer, principalmente porque nosotras tenemos más capacidad para pensar en nuestro placer y en el de los compañeros, mientras que ellos piensan más en su obligación de mantener el pene tieso, y en llegar al final victoriosos. Se les olvida preguntarnos qué nos gusta, cómo nos gusta, qué nos apetece y qué no, cuáles son nuestras fantasías sexuales, cómo funciona nuestro clítoris. Quizás haya algo de miedo por su parte a no dar la talla o a no saber cómo satisfacer a una mujer poderosa que vive su sexualidad sin miedos.

Una de las cuestiones más delicadas en el tema del sexo es el tema de los cuidados. El hecho de que haya tantos hombres que no quieran ponerse el condón demuestra que no cuidan a sus compañeras sexuales. No se cuidan a sí mismos, no piensan ni en su salud ni en la nuestra.

A muchos hombres las vidas de las mujeres con las que follan les importan muy poco, especialmente en aquellos países en los que morimos en abortos clandestinos o, si tenemos un poco de suerte y nos salvan la vida en un hospital, nos encarcelan. También tenemos el riesgo de morir en los partos, sobre todo en los países menos desarrollados, y, especialmente en el área rural, donde no hay acceso a los hospitales. Por no hablar del infierno que supone tener un hijo no deseado para muchas de las mujeres que deciden no arriesgarse a un aborto. Una auténtica tortura.

A algunos hombres les importa bien poco que las mujeres se mueran o se vean obligadas a ser madres: siguen sin ponerse condón. Les da igual también transmitir un virus que acaba en cáncer de cervix para las mujeres: solo piensan en su placer y en su erección, y en el momento en el que están.

Que los hombres no se cuiden y no cuiden a sus compañeras es un motivo de decepción y de rechazo para muchas mujeres: se nos baja la libido de inmediato. Aunque aún quedan bastantes que acceden a tener relaciones sin protección pues piensan que así las querrán más o las elegirán antes que a otras que sí exigen protección. Pero queda poco para que salgan todas de esa trampa.

Tradicionalmente las mujeres han utilizado el sexo como un medio para conseguir amor, y con el amor, todo lo demás: recursos, matrimonio, familia feliz, etc. Los hombres han dado amor como un medio para conseguir sexo. Sin embargo, desde que estalló el feminismo en los años setenta, las mujeres reivindicamos nuestro derecho al placer, pues encontramos en el sexo un fin en sí para ser disfrutado, sin necesidad de utilizarlo como moneda de cambio, simplemente para gozar y pasarlo bien.

Y mientras, los hombres siguen sin ir al médico para tratarse sus problemas de erección, siguen sin poder hablar de ello con sus amigos y sus compañeras, siguen buscando mujeres tan complacientes como las actrices porno, siguen creyendo que su semen es oro líquido y tienen que repartirlo con cuantas más mujeres mejor.

La sexualidad de los hombres está condicionada por la cantidad: el donjuán típico necesita esparcir sus semillas pero no repite. El donjuán folla para presumir delante de sus amigos y para burlarse de los padres y los maridos, pero no para disfrutar con las mujeres. No se vincula jamás emocionalmente, por lo que sus encuentros sexuales se parecen más a sesiones de gimnasia que a sesiones de intimidad llenas de juegos, risas, conversaciones, comida rica, olores ricos, abrazos y besos, lametones y caricias, y montones de orgasmos.

Los hombres a menudo llegan a la cama armados, incapaces de desnudarse y abrirse, con miedo a mostrar su vulnerabilidad, con miedo al fracaso, con ganas de descargar y marcharse. Les resulta extraño el lenguaje emocional que utilizan sus compañeras para expresar lo que sienten, porque ellos no están acostumbrados a hablar de sí mismos y de sus sentimientos, generalmente por miedo a sufrir las burlas de los demás hombres o a parecer sensibles "como una mujer".

Porque según las leyes del patriarcado, todo lo relacionado con los sentimientos es cosa de mujeres y las cosas de mujeres anulan la masculinidad de los machos. Más o menos esto es lo que nos cuentan en los cuentos que vemos en las películas y en la televisión: los machos de verdad son duros, fríos y calculadores, fuertes y racionales, no se dejan llevar por los sentimientos.

Esta mutilación emocional afecta a la sexualidad de los hombres pues no se puede separar el sexo de las emociones: son una misma cosa. Estas nacen en el cerebro, se expanden por el sistema nervioso, nos aceleran el corazón, nos conectan con el otro ser humano, nos llevan al cielo o nos bajan a los infiernos.

No se puede follar sin un mínimo de complicidad, de juego, de alegría, de ilusión. Bueno, en realidad sí se puede, pero es como follar con un robot que mete su miembro y lo frota hasta que sale el líquido deseado. Aburrido e insípido.

EL SEXO Y EL PODER

Decía Rita Segato, una antropóloga feminista argentina, que los hombres no buscan placer sexual cuando violan a las mujeres, a solas o en grupo, en la calle o en el burdel, gratis o pagando a otros hombres, que son los que realmente ganan dinero con la prostitución. Lo mismo sucede con las violaciones y abusos sexuales a niños y a niñas: para los violadores el placer no es tanto el sexual como el de dominar al débil. Les mueve más su necesidad de sentirse superiores y de hacer daño a otra persona para dominarla. Los violadores y los agresores sexuales buscan fundamentalmente sentirse poderosos, ejercer su poder de una forma absoluta y violenta, y demostrarse a sí mismos y a los demás su nivel de hombría y su potencia viril. No solo sufren de complejo de superioridad, también de inferioridad, sobre todo con respecto a las mujeres: por eso casi todo el porno está centrado en canalizar la frustración masculina ante el poder femenino a través de imaginarios de dominación y sumisión en los que ellos son los que tienen el poder y lo ejercen a través de su falo.

Una vez una *escort* de lujo me dijo que los hombres le pedían frecuentemente que se disfrazara de mujer poderosa (una ejecutiva, una policía, una política...) para poder jugar a someterla y a humillarla, y vivir un rato en la ilusión del dominio.

Los hombres, entonces, no disfrutan del sexo como un fin en sí mismo, sino como un medio para demostrar su virilidad y para sentirse poderosos. Saben que el sexo es el espacio en el que todos somos vulnerables: es nuestro territorio de privacidad en el que nosotras elegimos quién entra y quién no, es nuestro cuerpo sagrado que intima y comparte con quien deseamos nosotras, nuestro cuerpo somos nosotras. Y los hombres que nos violan lo hacen porque necesitan someternos, demostrarnos quién manda y demostrarse a sí mismos que valen algo. El mensaje es que sus pollas funcionan y las meten donde quieren y cuando quieren.

Cuando ellos penetran a una mujer que no les desea, se sienten miserables y grandiosos a la vez: la mujer tendrá que estar un tiempo sometida debajo de él, esperando a que termine, suplicando misericordia, llena de asco, en estado de *shock*, llorando aterrorizada, sufriendo fuertes dolores o muerta de miedo. El miedo excita a los machos violadores porque les devuelve una imagen monstruosamente grande de ellos mismos. Sienten placer con la idea de que la otra persona esté sufriendo y no olvidará jamás la escena: violar es una forma de sentirse eterno, importante, omnipresente. Saben que su violencia destruirá a la persona que tienen sometida, o sueñan con ello: causar dolor a alguien les hace sentirse como dioses.

Al violar a una mujer, están violando a todas, y están lanzando un mensaje para que nos andemos con cuidado y sepamos quién manda en las casas y quién manda en el espacio público.

LIBERAR AL SEXO DEL PATRIARCADO

El sexo es un asunto político: si se liberara del patriarcado y de sus obligaciones, los hombres podrían disfrutar mucho más de él. Les permitiría entender cuándo una mujer les desea y cuándo no, podrían desnudarse con sus compañeras o compañeros, podrían aumentar su capacidad y liberarse del casco y del escudo. Se recrearían con el roce de su piel con otra piel, podrían mirar a los ojos a sus compañeras y expresarlas lo felices que son por haberlas encontrado, confiar en ellas y cuidarlas; no importa si hablamos de una o de cien noches.

Lo que importa es poder disfrutar del sexo sin vivirlo como una guerra o un concurso, disfrutar de la gente con la que follamos sin presiones internas ni externas, sin sentirnos obligados, sin poner la polla en el centro.

Follar sin prisas, sin miedo, dispuestos a explorar y a sentir cosas nuevas, sin necesidad de llevar el mando ni de imponer el ritmo, en conexión armoniosa con nuestra compañera o compañero, preocupándonos por su placer, pero ocupándonos del nuestro también. Mi propuesta es que seamos valientes y activemos nuestra imaginación, que otras formas de follar son posibles y hay que disfrutar más del sexo, del amor y de la vida.

CAPÍTULO 6

LOS HOMBRES Y EL PATRIARCADO

Solo unos pocos hombres viven en la parte de arriba de la pirámide: todos los demás están abajo. Encima están los hombres blancos, heteros y ricos, abajo los hombres blancos, heteros y pobres; más abajo, los hombres negros, los gays, los indígenas, los ancianos, los bisexuales; más abajo aún, los hombres transexuales, los hombres migrantes y refugiados, los hombres con discapacidades o enfermedades. Y debajo de ellos están todas las mujeres.

Todos los hombres están discriminados por las mismas razones que nosotras, excepto por su identidad de género. Sin embargo, el patriarcado también les afecta ya que son a la vez víctimas y verdugos, ejercen opresión y la sufren, dominan a todos los que tienen debajo, pero a la vez están dominados por los que se encuentran por encima en la jerarquía patriarcal. Por ejemplo: un hombre puede ser un tirano con su mujer en casa, y a la vez soportar en el trabajo las humillaciones de sus compañeros porque es negro. Puede aguantar los malos tratos de un jefe, y al llegar a casa volcarlos sobre su compañera para desahogarse y que ella los sufra también. Puede ser muy sumiso con un ministro, y muy autoritario con su hijo;

puede ser muy amable con el presidente de la compañía en la que trabaja y un prepotente con la mujer que limpia los baños de la oficina. Puede enviar un ramo de flores a su esposa con un poema muy romántico y matar a un animal en la calle a patadas. Puede irse de putas cuando va en misión humanitaria a lugares que han sufrido catástrofes naturales, y ayudar a la vez a la gente más necesitada. Puede susurrarle las más bellas palabras de amor a su amante, y pegar a su esposa porque se le ha quemado la cena.

Así es el patriarcado: una estructura piramidal en la que todos sufrimos y ejercemos opresiones, explotación y violencia. Los más débiles reciben toda la violencia del sistema, mientras que los más poderosos disfrutan de sus privilegios y de sus egos, inflados por el éxito y por la acumulación de poder.

Ser hombre en el patriarcado es estar sujeto a miles de normas no escritas: les enseñan a reprimirse desde niños y consiguen que ellos mismos rechacen todo lo que supuestamente tiene que ver con las niñas y las mujeres. Entienden pronto que no deben hacer muchas cosas si quieren ser aceptados y respetados por sus manadas de amigos. Por eso, aunque tengan ganas de jugar con muñecas o necesiten llorar en público, no lo harán: saben que les dirían que eso es cosa de niñas y que es lo peor que puede hacer un hombre en el mundo. Así consiguen que ellos mismos se repriman y se mutilen sus emociones.

En la niñez les toca mostrar su hombría a través de las peleas con los demás niños en las que tendrán que demostrar su capacidad para hacer daño a los demás, para humillarlos y dominarlos, para dar rienda suelta a su agresividad mientras el resto de sus compañeros les aplauden en el patio del colegio. Si no ganan el combate, se expondrán a sufrir las burlas de los compañeros y a que todos quieran pegarlos para parecer más fuertes. La lucha por mantener el respeto y la reputación es larga, no termina nunca.

En la adolescencia tienen que demostrar su virilidad a través del sexo con mujeres y de su capacidad para enamorarlas, seducirlas, utilizarlas y abandonarlas. Si ellos se enamoran, se verán expuestos a las burlas de los compañeros y su nivel en la jerarquía bajará automáticamente, porque, en el patriarcado, el ideal de la masculinidad es el hombre soltero que puede tener a todas las mujeres que quiera mientras no se ate sentimentalmente a ninguna.

En la adultez están obligados a ser hombres exitosos en los deportes, en el trabajo, en la cama, en el bar y en cualquier espacio social. Les obligarán también a casarse, porque es lo que toca, y a mantener a una familia para cumplir con su rol de proveedor, a cambio de tener una mujer gratis que se ocupe de ellos las veinticuatro horas del día.

Ser hombre no es fácil, ellos mueren más que las mujeres en conductas de riesgo: peleas, deportes extremos, accidentes de tráfico, accidentes absurdos. Se exponen al peligro para demostrar su valentía y sus habilidades físicas. Pero cuando no logran ser los mejores en todo, se deprimen y se suicidan en una proporción mucho mayor que las mujeres.

La gran mayoría son analfabetos emocionales: no disponen de las herramientas para gestionar las emociones, se pasan la vida tratando de reprimirlas hasta que ya no sienten nada. No les enseñan a hablar el lenguaje de los sentimientos ni a identificar qué les ocurre, les cuesta comunicarse entre ellos y con las mujeres porque no quieren mostrar su interior, ni exhibir su vulnerabilidad. En este principio del siglo XXI, muchos hombres están en guerra consigo mismos y no saben cómo pedir ayuda.

El patriarcado los quiere sumisos, obedientes, violentos, acomplejados, llenos de miedos, autoritarios, con deseos de mandar y obsesionados con triunfar. Quiere a los hombres compitiendo entre ellos, y frustrados por la envidia que les generan aquellos privilegiados que tienen acceso al club de los poderosos.

Para asegurarse su obediencia, el patriarcado les concede privilegios sobre las mujeres a cambio de que se conviertan en sus soldados, y de que se aseguren de que las mujeres también obedecen. El patriarcado los tiene presos, pero los engaña haciéndoles creer que son los que mandan. Creen que son responsables de la economía doméstica porque para ellos solo cuentan los ingresos que obtienen con sus horas de trabajo fuera del hogar, y asumen que las horas que empleamos nosotras dentro y fuera, no cuentan. Ahora que las hipotecas se pagan con un sueldo entero, se mantiene la ficción de su responsabilidad económica a través de los salarios: nosotras cobramos menos y trabajamos la mitad del día gratis, ellos ganan más y siguen teniendo la sartén por el mango.

Por lógica, muchas mujeres no estarían en relaciones tan desiguales e interesadas si tuvieran autonomía económica. El patriarcado nos mantiene en la pobreza y la precariedad para que dependamos de los hombres.

Esto significa que los hombres tampoco son libres. Aunque nadie los obligue, asumen todos los mandatos de género porque no los sienten como una imposición. Las mujeres son el premio a su obediencia: cuanto más patriarcales sean, más mujeres tendrán a sus pies dispuestas a quererlos, a cuidarlos, y a darles placer.

Millones de hombres viven esclavizados por el sistema patriarcal que les utiliza como su ejército o su escuadrón de policía para que defiendan los intereses de aquellos que mandan. El patriarcado los mata en las guerras entre países y entre familias, abusa de ellos y les destroza la infancia. Les hace obedientes a las estructuras del crimen organizado liderado por narcos, mafiosos, políticos, empresarios, banqueros y otros hombres poderosos.

El patriarcado educa a los niños con violencia para que sean adultos violentos. Les mutila las emociones para robarles toda su capacidad humana de empatía, sensibilidad, ternura y solidaridad. Los convierte en guerreros que ni sienten ni padecen, entregados a su misión de salvar el mundo.

El patriarcado les pide sacrificios, les reprime y les invita a reprimir a los demás, y les castiga cuando se salen de la norma; por ejemplo, cuando se niegan a ir a la guerra, cuando se niegan a disparar al enemigo, cuando se niegan a violar a una chica en grupo, cuando se atreven a vivir el amor con un hombre, cuando se atreven a vestirse de mujer, o cuando ignoran la tiranía del qué dirán y viven conforme a sus sueños, deseos y apetencias.

Es entonces cuando el sistema patriarcal se tambalea: los disidentes revelan a los demás que se encuentran en una dictadura invisible en la que se paga muy caro vivir en libertad y en rebeldía.

Yo tengo la sensación de que cada vez hay más hombres desobedientes que buscan la manera de construir su propia masculinidad al margen de esta estructura basada en el miedo y en el odio hacia las mujeres, los gays y las lesbianas, las mujeres transexuales, y todos aquellos que consideran inferiores.

Hay motivos para el optimismo: si bien es cierto que algunos hombres experimentan un profundo rechazo hacia la lucha feminista, también es verdad que otros están fascinados, apoyando desde los márgenes y trabajándose lo suyo para contribuir a los cambios que está trayendo este movimiento a nuestras vidas.

CAPÍTULO 7

LOS HOMBRES Y LA AMISTAD

La filósofa y feminista Marilyn Freie explicaba de esta manera las relaciones que mantenían los hombres con otros hombres:

Decir que un hombre es heterosexual implica solamente que él tiene relaciones sexuales exclusivamente con el sexo opuesto, o sea, mujeres. Todo o casi todo lo que es propio del amor, la mayoría de los hombres hetero lo reservan exclusivamente para otros hombres. Las personas que ellos admiran; respetan; adoran y veneran; honran; a quienes ellos imitan, idolatran y con quienes cultivan vínculos más profundos; a quienes están dispuestos a enseñar y con quienes están dispuestos a aprender; aquellos cuyo respeto, admiración, reconocimiento, honra, reverencia y amor ellos desean: estos son, en su enorme mayoría, otros hombres. En sus relaciones con mujeres, lo que es visto como respeto es cortesía, generosidad o paternalismo; lo que es visto como honra es colocar a la mujer como en una campana de cristal. De las mujeres ellos quieren devoción, servidumbre y sexo. La cultura heterosexual masculina es homoafectiva; ella cultiva el amor por los hombres[4].

---

4. Frye, Marilyn (1983): *The Politics of Reality: Essays in Feminist Theory*, Trumansburg, Nueva York, Crossing Press.

Los niños forman grupos de camaradería exclusivamente masculinos. Se cuidan, se quieren y se apoyan, y se divierten entre ellos; y excluyen a todas las niñas y a todos aquellos que no se adaptan a las normas de la masculinidad patriarcal. Todo empieza en las aulas y en los patios del colegio: los niños se burlan de las niñas, las humillan para sentirse superiores a ellas, las ignoran o las molestan para que se enfaden y les persigan sin poder alcanzarles. Los líderes del grupo son los más duros: jamás se sientan con ellas a hablar de tú a tú, no les interesa escucharlas, no quieren formar equipo con ellas en las dinámicas que proponen los profesores, y las relegan a un metro cuadrado en el patio de la escuela porque ocupan todo el espacio para jugar al fútbol y no les permiten mezclarse con ellos.

Los hombres son educados para relacionarse en jerarquías, desde la competitividad y las posiciones de dominación de unos sobre otros. Construyen las relaciones de cariño, apoyo mutuo, respeto, solidaridad, juego y placer principalmente con otros hombres. Pero estas relaciones están sujetas a las normas del patriarcado, que constantemente limitan las demostraciones de cariño entre los hombres, los roces eróticos o la expresión de las emociones.

La amistad entre hombres es una historia de represión: solo se les permiten hacer demostraciones de amor cuando alguien marca un gol. Entonces la alegría estalla y vienen los besos en la boca, los abrazos, los revolcones, los tocamientos de culo y genitales, las lágrimas, las risas, las declaraciones de amor entre ellos. Entonces a todo el mundo le parece bien.

Cuando no hay goles, no hay besos en el cuello ni en la boca, ni bailes eróticos, ni frotamientos: en los vestuarios hay una tensión enorme ante la posibilidad de contacto físico o erotismo entre hombres, tensión que se resuelve con el chiste de agacharse a coger el jabón en la ducha.

Pero la autorrepresión está siempre ahí; todos saben que deben aguantarse las ganas. Y si esto no funciona, los demás se burlarán para imponer el orden del régimen heteropatriarcal: cualquier gesto erótico o de cariño se etiqueta como un gesto negativo: es de gais o de *maricones*, es poco masculino.

En muchos países del mundo, la amistad entre hombres y mujeres no existe. La relación que tiene marcada el patriarcado entre sexos distintos sexual y sentimental, y de parentesco. Así, los hombres solo se relacionan con las mujeres como madres, abuelas, tías, primas, hermanas, hijas, esposas, amantes y prostitutas. Unas se ocupan de sus necesidades básicas y cuidados; otras de sus necesidades sexuales.

La amistad es una de las pocas maneras que tenemos los humanos de relacionarnos desinteresadamente. Los amigos y las amigas nos ayudamos mutuamente, pero generalmente no nos explotamos unos a otros: a una amiga no le puedes pedir que te lave los calzoncillos si tú te encuentras con plenas facultades para hacerlo.

La amistad suele ser un tipo de relación basada en el disfrute: los amigos no se sienten obligados a verse ni a estar juntos. Se ven cuando quieren y cuando pueden, se juntan para celebrar la vida, para escucharse y apoyarse cuando están pasando un momento difícil, para compartir pasiones comunes y tiempo libre. A los amigos y a las amigas los queremos tal y como son, con sus virtudes y sus defectos: no necesitamos que sean como nosotros soñamos, ni queremos cambiarlos para que se amolden al ideal que tenemos en la cabeza. Simplemente disfrutamos de ellos y de ellas porque nos sentimos a gusto, libres, porque aprendemos y nos divertimos, porque nos unen recuerdos y vivencias maravillosas, o porque tenemos proyectos comunes.

El principal obstáculo para la amistad entre hombres y mujeres es el sexo: parece imposible que nos juntemos entre nosotros para construir una relación de cariño sin intimidad sexual. No se concibe desde la lógica patriarcal que un macho y una hembra se junten y no tengan ganas de tener sexo entre ellos. Es como si para los machos fuese una oportunidad perdida de sembrar su semilla en una mujer accesible para ellos: si no insisten en penetrar a su amiga, se duda de su virilidad y de su potencia sexual. Los hombres se quejan amargamente y protestan cuando se acercan a las mujeres y ellas les ofrecen solo amistad. Les parece poca cosa y se sienten rechazados: han invertido tiempo en establecer una relación y no quieren seguir en ella si no tienen sexo, su objetivo inicial. No comprenden que cuando nos juntamos, los hombres y las mujeres nos conocemos y estamos probando si nos gustamos, si surge el deseo, si hay química, y si hay condiciones para disfrutar o no de un encuentro íntimo. A veces no surge el deseo ni hay condiciones, y a veces sí.

La amistad también es política, y la amistad entre hombres y mujeres es revolucionaria, pues se rebela contra las normas patriarcales que nos quieren enfrentados, divididos, unos encima de otros, follando, reproduciéndonos y batallando en luchas de poder eternas. Por eso, cuando nos juntamos sin ningún tipo de interés personal, sin afán de dominarnos o de utilizarnos, movidos solo por el deseo de disfrutarnos y acompañarnos, el patriarcado se tambalea.

Yo siento que la amistad entre hombres y mujeres no solo es posible, sino que además es una de las relaciones más bonitas que existen porque desafía las normas del patriarcado, que nos quieren en relaciones desiguales y batallando en la guerra del amor.

CAPÍTULO 8

LOS HOMBRES Y LOS CUIDADOS

Al menos durante dos tercios de nuestra vida, necesitamos ser cuidados por los demás: en comparación con el resto de animales, los humanos vivimos una infancia muy larga y nuestro cerebro se desarrolla durante muchos años hasta que alcanza la madurez necesaria para que podamos adquirir la autonomía y el juicio necesarios. También pasamos muchos años de nuestra vida en la vejez: hay gente que goza de una autonomía plena hasta el momento de su muerte, pero también hay millones de personas que necesitan cuidados durante muchos años en la última etapa de su vida. La esperanza de vida ha aumentado gracias a los avances tecnológicos y científicos, lo que tiene un impacto tremendo en nuestra economía: los países más desarrollados se ven obligados a incrementar el gasto social para cubrir las necesidades de una población cada vez más envejecida.

Las que más vamos a sufrir el envejecimiento de la población somos las mujeres. Cuidar es un rol femenino impuesto por el patriarcado para mantener a las mujeres en la casa. Por eso mismo, es una de las tareas que peor se remuneran y se valoran en todo el mundo. Silvia Federici dice: "Eso que llaman amor, nosotras lo llamamos trabajo no pagado". La sociedad cree que las mujeres tenemos un don para amar y cuidar, para sacrificarnos y para entregarnos con devoción a los demás.

Los hombres no saben cuidar, me contaba mi abuela, son tan débiles que se desmayan cuando ven sangre, cuando ven agujas, cuando el olor a vómito o a caca inunda una habitación. Comprendí lo que me decía cuando me di cuenta del lugar que eligen ellos en las visitas a hospitales o al tanatorio: fuera, fumando con los demás hombres, o en el bar, si llueve.

Las mujeres sostenemos el capitalismo cuidando gratis a bebés, a niños y niñas, a familiares con alguna discapacidad o enfermedad, o a ancianos dependientes. No recibimos un salario por nuestro trabajo doméstico, no tenemos salario, vacaciones, jubilación, ni días libres. No tenemos ningún derecho laboral ni cotizamos a la seguridad social: si nos paramos a pensarlo bien, se parece mucho al sistema esclavista.

Hay mujeres que pasan muchos años de sus vidas entregadas al cuidado de sus padres o de sus suegros, sin posibilidad de salir de casa, de viajar, de pasar tiempo con su gente querida, de descansar una noche entera sin interrupciones. Esto les produce un desgaste mental y físico enorme, porque apenas tienen tiempo para cuidarse a sí mismas, y enferman y envejecen sin que nadie las cuide a ellas.

Cuidar es un trabajo invisible: no se aplaude, ni se premia, ni se cuantifica, ni siquiera se incluye dentro del PIB de cada país, porque no interesa. ¿Se imaginan si tuviésemos que pagar un salario digno a todas las mujeres que crían y cuidan, limpian y cocinan, planchan y barren, doblan ropa y friegan platos, cuidan las plantas y los animales domésticos, atienden enfermos, cambian pañales, dan teta a sus bebés, van al médico y a la compra, y administran los recursos del hogar?

Sería insostenible porque habría que redistribuir las riquezas y los recursos de otra manera. El capitalismo no solo necesita mano de obra barata de los hombres, también mucho trabajo gratis, exactamente necesita el trabajo gratis de la mitad de la población mundial.

Ahora que formalmente hemos acabado con la esclavitud en la mayor parte de los países del mundo, ¿cómo consigue esta alianza entre el capitalismo y el patriarcado que las mujeres trabajemos gratis sin obligarnos por la fuerza? Con la magia del amor romántico y del amor maternal, ambos mitificados hasta el extremo para seducir a las mujeres con la idea de que en el amor a los demás está la felicidad.

Y a las que no caen bajo este espejismo colectivo, se les aplica un poco de presión social (argumentando que las mujeres nacieron para amar y cuidar, se justifica que aquellas que no lo hagan sean juzgadas y criticadas por la sociedad), mezclada con bajos ingresos, peores salarios, precariedad, techo de cristal y desempleo femenino: a muchas mujeres no les compensa salir a trabajar porque no pueden pagar una sustituta que limpie su casa y cuide a sus hijos e hijas.

Las mujeres, entonces, obedecemos con la convicción de que nos toca hacerlo porque hemos nacido mujeres, pero también porque si nosotras no lo hacemos, no lo hace nadie. Y esto nos condena a la pobreza: la gente más pobre del planeta son mujeres solas con hijos e hijas. La pobreza tiene rostro de mujer. En muchos países del planeta estamos condenadas a depender de un hombre o de la familia más cercana. Esta dependencia no solo es económica, también es emocional: el cóctel perfecto para tenernos en casa, soportando la situación de explotación con una sonrisa.

Los cuidados también nos dan mucho poder sobre los hombres. Las mujeres educadas en el patriarcado transmiten todos sus conocimientos y habilidades a sus hijas, pero no a sus hijos. A los niños varones no les enseñan a curar un resfriado, a freír un huevo frito, a coser un botón, a hacer la cama o a planchar camisas, de manera que cuando tengan que salir de casa, necesitarán una sustituta de su madre, una criada-esposa complaciente que les cuide con amor y ternura.

En teoría, las abuelas y las madres dan a sus hijas las herramientas para desarrollar las tareas básicas para la supervivencia, para que consigan un marido al que cuidar a cambio de manutención. Pero lo cierto es que muchas mujeres han sabido aprovechar estos conocimientos para vivir solas o con otras mujeres, y para decidir con quién quieren tener relaciones sentimentales y durante cuánto tiempo.

Por eso, cuando una mujer quiere divorciarse, estalla el drama: ¿qué va a hacer su esposo de cincuenta años que no sabe ni cocinarse unas simples lentejas?, ¿no le da pena abandonar al pobrecito?

Después del divorcio, suelen casarse más los hombres y hacerlo más rápido que las mujeres, porque muchos no pueden o no saben estar solos, y dependen siempre de una mujer. También cuando enferman, se jubilan o envejecen, las mujeres tienen mucho poder sobre ellos: son las encargadas de los tratamientos y de las visitas médicas, las que se encargan del bienestar y de la salud del enfermo o del anciano dependiente.

A veces sucede que usan su poder para empezar por fin a mandar en el hogar: cuanto más vulnerable es el hombre anciano, más se empodera la mujer cuidadora. Los roles cambian cuando el hombre ya no es el proveedor principal ni el protector de la familia, cuando ya no tiene fuerza física para imponerse sobre los demás. Entonces cambian las posiciones de poder dentro del hogar.

Las mujeres cuidadoras están familiarizadas con la muerte, los nacimientos, el dolor, el olor y los fluidos corporales de los seres humanos. Siempre se han encargado de curar, amortajar a los muertos y ayudar en los partos (hasta que la ciencia les arrebató sus papeles de curanderas, parteras, doctoras y enfermeras para convertirlos en actividades masculinas), por eso tienen una relación más sana con la vida, la muerte, la enfermedad y el dolor.

Los hombres patriarcales, por el contrario, no tienen herramientas para hacer frente a esos procesos naturales e inevitables en los que se convierten en seres vulnerables y dependientes. Muchos hombres sufren graves depresiones cuando pierden la salud, la fuerza y su rol masculino, porque se sienten desnudos, desprotegidos, desamparados y solos en su esfuerzo por afrontar emocional y psicológicamente lo que les está pasando.

Los hombres no se cuidan a sí mismos porque creen que es obligación de las mujeres velar por su salud y bienestar, y porque los demás machos admiran a los hombres que se ponen en peligro y se autodestruyen a sí mismos con el alcohol, las drogas y las conductas de riesgo (conducción, deportes extremos, sexo sin protección, peleas de machos, etc.). Para ser considerados hombres de verdad tienen que simular que son grandes bebedores, que no les importa su vida, que no tienen miedo a nada ni a nadie. Esta es la razón por la que mueren más hombres que mujeres en todo el mundo.

Hay una relación directa entre los cuidados y la violencia contra sí mismos y contra los demás. No se trata solo de un tema social y cultural, hay cuestiones químicas que explican esta correlación: la testosterona con adrenalina y la oxitocina se anulan mutuamente. Un hombre violento genera menos serotonina, dopamina y demás sustancias que produce nuestro cerebro para el placer, el amor y los afectos en la interacción con los demás seres humanos.

Esto quiere decir que cuidar a los demás nos ayuda a ser buenas personas, nos ayuda a desarrollar nuestra capacidad para la empatía y la solidaridad, nos motiva a la cooperación y a la ayuda mutua, nos permite generar lazos afectivos profundos y duraderos con nuestra gente querida, nos permite relacionarnos mucho mejor con nuestra propia salud y bienestar, y con nuestra necesidad de ser cuidados por los demás.

Cuidar nos pone en contacto con lo esencial: la vida y la muerte, la salud y la enfermedad, el dolor y el placer, la ternura y la compasión. Es una tarea dura que conlleva una gran carga emocional, por eso ha de ser compartida por todos los miembros de la familia o de la comunidad: no podemos dejar todo el peso de los cuidados sobre las mujeres.

Los cuidados son un tema político: es injusto que las mujeres más pobres del planeta carguen con todos los cuidados de los hombres y de las mujeres que pueden pagar sus míseros salarios. Hay que poner en el centro de la agenda política la crianza, la educación y el cuidado para que sea posible una planificación que conciba estas tareas como una responsabilidad compartida. Hay que cuidar no solo a nuestros bebés, abuelos y padres, también a las cuidadoras principales, pues precisan tiempo libre, como cualquier ser humano, y necesitan tener vida propia, también.

Este es uno de los planteamientos más revolucionarios que podemos hacernos para transformar el mundo en el que vivimos: luchar para tener tiempo y las condiciones óptimas para asumir nuestra responsabilidad en la crianza y en los cuidados de toda la tribu que conforma nuestro mundo afectivo. Y luchar por el derecho que tenemos todos y cada uno de nosotros a ser cuidados dentro de estos espacios afectivos al nacer, al morir, al enfermar o al sufrir accidentes. Planteado en términos políticos, suena muy sensato y muy lógico. El feminismo ya está trabajando en ello, y somos muchas las mujeres que estamos hablando sobre cómo organizarnos de otra manera para acabar con el trabajo gratis y otorgar la importancia necesaria al amor, los cuidados, los afectos y el tiempo libre de las mujeres. Ahora bien, ¿cuántos hombres están dispuestos a implicarse personalmente en esta revolución? ¿Cuántos se ven haciendo cambios en sus vidas para dedicar tiempo y espacio a cuidar de sus seres queridos? Aquí es donde se puede palpar directamente el tema de "lo personal es político": para cambiar el mundo hay que cambiar las masculinidades, y hay que hacerlo en casa, en la cama, en las calles, en los parlamentos, en las empresas, en las instituciones y en los medios.

Empezar por uno mismo es, sin duda, la mejor manera de ponerse en marcha: se trata en primer lugar de aprender a cuidarse y a cuidar, y compartir los cuidados y las tareas domésticas con las mujeres de cada red afectiva.

CAPÍTULO 9

HOMBRES QUE SUFREN POR AMOR

El amor romántico lo inventaron los hombres. Ellos fueron los protagonistas del movimiento artístico que se convirtió en el estilo de vida de las clases burguesas y nobles: ellos fueron los poetas suicidas, los pintores y músicos atormentados, los escritores y los escultores torturados por la imposibilidad de alcanzar la belleza en su estado más puro, o el paraíso romántico de la plenitud y la felicidad. Los inventores del Romanticismo eran muy dramáticos y llorones. El genio romántico era un ser demasiado sensible y soñador para sobrevivir en este mundo cruel. Era un ser demasiado especial y refinado como para soportar la obscenidad, la estupidez y la mediocridad humanas. El mundo se le antojaba una cárcel: él soñaba con poder escapar y ser libre, vivir en otra dimensión superior, alejado de la brutalidad y la miseria de la existencia humana.

Los románticos soñaban con realizarse y liberarse a través del amor. Idealizaron el amor de pareja como el espacio sagrado en el que poder fusionarse con el cosmos y vivir una experiencia grandiosa y trascendental. El amor para ellos simbolizaba la belleza, la eternidad, la perfección, el manantial de felicidad perpetua en el que poder vivir ajeno al dolor y al sufrimiento de la existencia humana. El amor era, entonces, la salvación, la utopía personal en la que uno camina hacia la plenitud a solas, soñando con la fusión con la amada, aferrado a la idea de que el amor le convertiría en un ser inmortal que dejaría una profunda huella en las emociones de los demás.

Soñaban tanto, y tan bonito, que la realidad les parecía frustrante, por eso escapaban imaginando atardeceres en países exóticos, con cisnes y sauces llorones cuya belleza se reflejaba en estanques de nenúfares. Eran cursis hasta más no poder.

Por muy frustrados que se sintiesen, los románticos nunca hablaban de utopías sociales: buscaban la salvación individual a través de la amada. No amaban realmente a la mujer por la que suspiraban, pues generalmente tenían una imagen distorsionada de ella y preferían amarla en la distancia, imaginando sus virtudes según su voluntad.

Cervantes se burló de los románticos a través de la bella Dulcinea del Toboso, una campesina ordinaria de la que se enamoró don Quijote. En realidad no se enamoró de ella, sino de la imagen idealizada de la dama castellana de alta alcurnia que tenía en su cabeza. Por ella cometía las estupideces más grandes, se ponía en ridículo, se llevaba siempre una paliza: don Quijote era un enamorado sacrificado y sufridor que nunca gozaba de su amada en la realidad.

Los románticos nunca supieron disfrutar del amor: para ellos el amor más bello era el amor platónico, el que no está contaminado por la vulgar realidad. Si las mujeres objeto que ellos deseaban les hubieran correspondido, no habría habido Romanticismo en el siglo XIX: era muy importante que la mujer deseada fuese imposible de conquistar. Una vez que el amor se materializaba, perdía toda su magia, y los románticos eran adictos a esas experiencias que les elevaban unos centímetros por encima del suelo, como, por ejemplo, la muerte.

UN SUEÑO DENTRO DE UN SUEÑO

¡Toma este beso sobre tu frente!
Y, me despido de ti ahora,
no queda nada por confesar.
No se equivoca quien estima
que mis días han sido un sueño;
aún si la esperanza ha volado
en una noche, o en un día,
en una visión, o en ninguna,
¿es por ello menor la partida?
Todo lo que vemos o imaginamos
es solo un sueño dentro de un sueño.

Me paro entre el bramido
de una costa atormentada por las olas,
y sostengo en mi mano
granos de la dorada arena.
¡Qué pocos! Sin embargo como se arrastran
entre mis dedos hacia lo profundo,
mientras lloro, ¡mientras lloro!
¡Oh, Dios! ¿No puedo aferrarlos
con más fuerza?
¡Oh, Dios! ¿No puedo salvar
uno de la implacable marea?
¿Es todo lo que vemos o imaginamos
un sueño dentro de un sueño?

EDGAR ALLAN POE

La magia del asunto, entonces, era no ser correspondido para poder llorar a gusto. A los románticos les encantaba sufrir, desaparecer, elevarse a los cielos donde nadie pudiera alcanzarlos. Les encantaba la muerte porque se sentían en otra dimensión, en un espacio más allá del bien y del mal, porque se convertían en recuerdo y perdurarían en la memoria de los vivos. Soñaban con ser mitificados y recordados como héroes sufridores que abandonaron el mundo porque no soportaban el peso de la realidad y buscaban la belleza y el amor más puro que puede existir: el que no puede vivirse desde el cuerpo.

ACUÉRDATE DE MÍ

Llora en silencio mi alma solitaria,
excepto cuando esté mi corazón
unido al tuyo en celestial alianza
de mutuo suspirar y mutuo amor.

Es la llama de mi alma cual aurora,
brillando en el recinto sepulcral:
casi extinta, invisible, pero eterna...
ni la muerte la puede mancillar.

¡Acuérdate de mí!... Cerca a mi tumba
no pases, no, sin regalarme tu plegaria;
para mi alma no habrá mayor tortura
que el saber que has olvidado mi dolor.

Oye mi última voz. No es un delito
rogar por los que fueron. Yo jamás
te pedí nada: al expirar te exijo
que sobre mi tumba derrames tus lágrimas.

LORD BYRON

Así eran los románticos: les encantaba dar pena y hacían berrinche por todo. No se les ocurría jamás reunirse para cambiar la realidad que tanto rechazaban: lo que querían era alzar el vuelo para alcanzar la inmortalidad por su hermosa capacidad para representar el sufrimiento. Eran mártires que no sabían disfrutar del sexo ni del amor con mujeres, solo podían amarlas en la distancia y componer poemas llenos de reproches, amenazas y chantajes emocionales: tu frialdad se me clava como un cuchillo en el corazón, si no me amas mi vida no tiene sentido, si no me amas me mato, si me dejas de amar me mato, si no me haces caso me retuerzo de sufrimiento y es culpa tuya, si no contestas a mis cartas me voy a destruir por completo, mi forma de amarte no es de este mundo, etc.

Es el mismo chantaje que podemos escuchar hoy en los boleros, las canciones pop, las rancheras, la copla, la rumba, el rock, el heavy metal, el flamenco, el rap y el reguetón: si tu no me quieres no soy nada, como me dejes te vas a enterar, sin mi tú tampoco eres nada, nadie te amará como yo, eres mala persona porque no sientes lo mismo que yo, te mereces lo peor porque no me correspondes, eres cruel porque no me prestas atención, te regalo cosas y tú eres una desagradecida, disfrutas rompiéndome el corazón, qué he hecho yo para merecer esto…

El patrón se repite una y otra vez: al romántico patriarcal no le gusta que le digan no. Y le encanta que la otra persona se sienta responsable de su felicidad. Por eso nos hacen sentir culpables a las mujeres si no nos sometemos a sus necesidades y deseos.

El romántico pasaba rápidamente del amor al odio: como un niño malcriado, no aceptaba un no por respuesta. Tenía el ego tan hinchado que solo pensaba en la gloria y el éxito profesional que iba a obtener presentándose desnudo y mostrando su inmensa capacidad de amor. Le encantaba vivir atormentado, amargado, encerrado y pensando en mujeres inalcanzables y en relaciones que no existen porque estaban completamente idealizadas: es un ciclo de ilusión-decepción constante porque las cosas no son como había planeado. Se enfadaba, pataleaba, insultaba a su amada en los poemas y las canciones, montaba dramas innecesarios y se suicidaba para que los demás se quedaran impactados y señalaran a la "culpable" de su muerte. En realidad la mujer de carne y hueso no importaba demasiado: ellos vivían sumidos en esas tormentas románticas a solas, soñando con princesas delicadas que no habían trabajado en su vida y no tenían otra cosa que hacer que ser amadas, veneradas e idolatradas por ellos.

Así las cosas, el romántico podía llegar a ser un tipo violento en su forma de relacionarse con las mujeres a las que amaba, porque creía que su misión era insistir una y mil veces. No veía acoso en sus insultos, reclamos, reproches y amenazas, más bien los consideraba pruebas de su amor y dolor inmensos. Eran una manera "poética" de expresar su dolor y su rabia por no conseguir lo que quería o necesitaba.

Era caprichoso, egoísta y machista el hombre romántico: nunca se paraba a pensar que quería su princesa, cómo se sentiría, qué le apetecía o qué necesitaba. Solo pensaba en lo que necesitaba él: llamar la atención, que les hicieran caso, que les dedicaran todo su tiempo... El objetivo era poder vivir su drama para poder escribir, esculpir, pintar o componer música, y así envolverse en una nube de aplausos y exhibir su sufrimiento en forma de obra de arte.

Pero este masoquismo romántico y este gusto por el sufrimiento es anterior al Romanticismo: procede de la cultura cristiana que mitifica la figura de Jesús, un hombre que vivió una terrible agonía de tres días en la cruz, que sufrió y murió para demostrarnos que nos quería, y para salvarnos del pecado. Lo que nos enseña su historia es que amar implica destruirse, sacrificarse, renunciar, pasarlo mal, y que no todo el mundo puede hacerlo: sufrir te sitúa en una dimensión superior a la del mundo terrenal. Los románticos le añadieron el factor de hacérselo pasar también mal al destinatario de su amor: repartían el sufrimiento para intensificar las emociones y elevar sus almas al cielo.

De aquel siglo XIX nos hemos quedado con la insatisfacción permanente, la mitificación de la persona amada, el gusto por el sufrimiento propio y el ajeno, el egoísmo y la tiranía del enamorado. De la antigua Grecia nos quedamos con el amor platónico que nos eleva a un mundo mejor, y con las ideas del hedonismo, el gozo y la acumulación de placer, que no están reñidas con el gusto por el sufrimiento: ambos conviven y se complementan en nuestra cultura amorosa.

De la Edad Media nos hemos quedado con todo el ritual de cortejo del guerrero que quiere conquistar a su dama para subir de posición social y entrar en la corte real, y con la concepción del amor como una guerra en la que el caballero debe emplear todas sus estrategias para conquistar a la dama, vencer sus resistencias, seducirla con palabras bonitas, entretenerla con sus cánticos de amor y competir con las creaciones de los otros pretendientes. En la época del amor cortés, a las mujeres de la nobleza se las ensalzaba como si fueran diosas del Olimpo: los hombres se ponían de rodillas para pedir sus favores y rendirles pleitesía. Pero en realidad era puro teatro: no las conocían de nada y todos los halagos que se inventaban eran puro cuento, porque no sabían siquiera si les caía bien la doncella a la que trataban de seducir con palabras bonitas.

Todas estas herencias del pasado perduran en nuestro presente, y están cargadas de patriarcado. Cuando hombres y mujeres hemos sido educados de forma diferente en cuanto al amor romántico, ellos inducidos al poliamor y al disfrute, y nosotras a la monogamia y al sufrimiento, resulta muy difícil construir una relación de pareja. Y es que a la mayor parte de los hombres les educan para que no pongan el amor en el centro de sus vidas. Les enseñan que el amor les resta poder y libertad, y que, si van a entregar su corazón, elijan muy bien a quién se lo dan. Les advierten que el arma principal que tienen las mujeres para dominar a un hombre es el sexo y el amor, por lo que ellos han de evitar enamorarse: si se quedan con una sola, se pierden la posibilidad de disfrutar de todas. Yo he tenido la sensación en muchas bodas de que los hombres van al matrimonio un poco arrastrados, obligados, sin ganas de asentar la cabeza y decir adiós a la juventud y a la soltería. Es cierto que la mayor parte no renuncia a su diversidad sexual y amorosa al casarse, pero sí se ven más limitados. El patriarcado les seduce para que se casen con mujeres con la promesa de que así tendrán una sierva a su servicio, disponible las 24 horas del día, que les cuidará y les atenderá gratis en la cama y en el hogar.

También es un tema de presión social: la familia y la gente cercana te empuja al matrimonio porque es lo que toca, porque es lo que hay, porque lo hace todo el mundo. Solo los hombres muy ricos pueden permitirse evitar el matrimonio y pagar a empleadas domésticas, enfermeras, asistentas, cuidadoras y prostitutas de lujo. Y ahora también pueden pagar a mujeres para que les entreguen a sus bebés: no necesitan el amor de una mujer para nada.

Los demás han de conformarse con una sola que reúna todas esas funciones: darles hijos, cuidarles cuando enferman, sostener el hogar, ser complacientes en la cama, hacer comidas, preparar ropa limpia y mantener la casa organizada. Y van al matrimonio un poco a regañadientes, aguantando las burlas de los amigos porque ya les han cazado, y quizás reprimiendo su decepción porque no se casan con la princesa que soñaron.

Los hombres se ven obligados a trabajar para mantener un hogar, por eso el capitalismo y el patriarcado les empuja al matrimonio. Y cuando tienen hijos, ya no pueden escapar de sus obligaciones: se someten plenamente a las necesidades de producción del capitalismo, y lo hacen en nombre del "amor" y de la "familia".

Cuanto más sometidos están al capitalismo, más necesitan imponerse a las mujeres: ellos asumen el poder de sus jefes y patrones, y nosotras tenemos que asumir la superioridad de ellos para que no se sientan tan perdedores, ni tan sumisos. Jugamos un poco el papel de empleadas o de sirvientas para que ellos sientan que aunque ocupen los puestos inferiores de la pirámide social, siempre estarán por encima de nosotras.

Y bajo estas jerarquías, luchas de poder, relaciones de dominación/sumisión, los hombres no saben relacionarse con las mujeres desde el compañerismo, les da miedo romper con las estructuras obsoletas del romanticismo patriarcal, y se sienten más cómodos en sus posiciones de privilegio tradicional.

Nosotras ya no queremos someternos por amor, ni sufrir por amor, ni aguantar por amor, así que estamos en un punto de inflexión: ahora que ya sabemos que el amor romántico está cargado de machismo y no nos sirve para ser felices, tenemos que ponernos a explorar nuevas formas de querernos, de compartir placeres, de organizarnos y de relacionarnos. El objetivo común es querernos bien y disfrutar del amor y de la vida: suena muy sensato, ¿verdad?

CAPÍTULO 10

LOS MITOS DE LA MASCULINIDAD: EL SALVADOR, EL PRÍNCIPE AZUL Y EL GUERRERO

EL SALVADOR Y EL PRÍNCIPE AZUL

La mayor parte de los relatos de nuestra cultura están basados en la figura masculina del chico joven que se convierte en hombre al salvar a la humanidad de cualquier peligro. Es la historia del capullo que se convierte en mariposa tras vivir muchas aventuras y superarse a sí mismo.

El cristianismo, el budismo y el islamismo están construidos bajo este simple esquema narrativo: un hombre joven sale de su hogar para convertirse en adulto, para encontrarse a sí mismo, para superar sus miedos e inseguridades, para enfrentarse a sus monstruos interiores y a los reales, y para salvarnos a todos.

La misión del héroe siempre es superior a sí mismo, él se sacrifica por todos nosotros y no le importa arriesgar su vida para salvarnos del mal, del diablo, del pecado, de los extraterrestres, de los dragón, de los orcos, de los troles, de los comunistas, de los terroristas, de los virus mortales, de los robots que se rebelan, de los mafiosos que se quieren apoderar del mundo... Sin enemigos, el héroe no podría lucirse, ni tendría importancia alguna.

Para los hombres es fácil identificarse con estos héroes que tuvieron la valentía de salir del nido materno para salvar el mundo. Todos vencieron sus miedos y salieron del círculo femenino de la familia para reafirmar su virilidad, para demostrarse a sí mismos lo mucho que valen, para entrenar en el arte de la supervivencia masculina en un mundo violento en el que siempre ganan los más fuertes.

La historia del joven es siempre ejemplar: nos demuestra que si logras creer en ti mismo, eres valiente, te sacrificas, te disciplinas y trabajas duro, eres generoso y te entregas a la causa al 100 por cien, podrás convertirte en un macho alfa admirado por los hombres y deseado por las mujeres.

En la Biblia, Jesús vino a salvarnos del pecado que cometió Eva y que condenó a la humanidad entera. Buda vino a abrirnos los ojos y a enseñarnos los espejismos de realidad en los que vivimos. Mahoma vino a hablarnos del paraíso y de cómo llegar a él. Todos ellos son hijos de Dios o representantes suyos en la tierra, y detrás de ellos van todos los hombres que sueñan con ser importantes, dejar una huella en la posteridad, un recuerdo imborrable, y sentirse admirados y merecedores de ovación.

La figura mítica del salvador se manifiesta primero como guerrero que salva a la humanidad o a la comarca de los peligros y de los enemigos que la acechan, y luego como príncipe azul que corre a salvar a su princesa, normalmente encerrada en algún castillo medieval a la espera de ser rescatada, suspirando por su príncipe, deseando que regrese su amado viajero para empezar a disfrutar de la vida. El príncipe azul es la versión dulce del guerrero: cumple el rol de proveedor principal, el hombre con riquezas y títulos nobiliarios que sacarán de la pobreza a la mujer que elija para ser su reina.

La masculinidad hegemónica del hombre blanco, heterosexual, joven, sano y rico se nos impone en todos los relatos para seducirnos: a los hombres, para que sigan su ejemplo, y a las mujeres, para que nos enamoremos de ellos. Las mujeres de estas historias son las madres que sufren por tener a su hijo en la batalla de la vida (como la virgen María), o las novias que esperan a ser las elegidas para disfrutar de las mieles del éxito (las princesas). Este mito cumple con una doble función: exaltar la masculinidad y justificar la división de roles patriarcal (él es valiente y activo, ella miedosa y pasiva; él es fuerte, ella es débil; él resuelve, ella espera a que él resuelva...). Las mitificaciones de la masculinidad heroica sirven para que los hombres fantaseen identificándose y proyectándose en estos héroes. Como en su vida diaria no suelen realizar grandes gestas, estos relatos les hacen sentir durante un rato que son importantes y necesarios como hombres.

Sin embargo, son mayoría los varones que no cumplen las condiciones que impone este modelo heroico: los que no son blancos, los que no son heterosexuales, los que no tienen habilidades deportivas, los que no tienen un físico de macho alfa, los que tienen discapacidades o enfermedades, los que no son agresivos, los que no cumplen con los estereotipos ni los mandatos de género...

Las mujeres suspiran por ser rescatadas, imaginando que su príncipe azul es rico, guapo, sensible, tierno, divertido, culto, solidario, amoroso, generoso, honesto, deportista y sano, y que además se enamorará de ellas perdidamente. A las mujeres nos inculcan este mito del príncipe azul para que adoptemos una actitud sumisa, pasiva, de espera. Soñando con estos salvadores nos tienen entretenidas y aisladas unas de otras, sumidas en el ciclo de ilusión-decepción constante, y sin hacernos responsables de nuestro bienestar ni de nuestra felicidad. Cuando nos aferramos al príncipe azul no trazamos estrategias para transformar nuestra realidad, ni disfrutamos del presente, vivimos, esperando tan solo a que suceda el milagro romántico. Es un mito muy potente porque reúne todos los mitos en uno solo. Del príncipe azul esperamos que sea valiente y agresivo, pero que no sea violento con nosotras. Que tenga éxito con las mujeres, pero que nos quiera solo a nosotras. Que sea dominante, pero que se deje dominar también. Que sea trabajador y tenga éxito en sus negocios, sincero y cariñoso y buena persona, y que tenga una buena posición social. Además, anhelamos que nos mime, nos dedique su tiempo libre, nos divierta y nos entretenga, nos ayude a resolver problemas, nos haga la vida más fácil, nos desee y nos admire, nos ame y nos acompañe toda la vida.

EL GUERRERO: LA MITIFICACIÓN DEL MACHO VIOLENTO

La mitificación del macho violento es la base de todas las películas, series de televisión, videojuegos, novelas, *spots* publicitarios y productos culturales. En todos ellos se rinde tributo a la virilidad hegemónica: ensalzan el modelo de masculinidad basada en la fuerza bruta, en la dominación y en la capacidad para dar muerte a todos sus "enemigos".

Los guerreros de nuestras películas y novelas son seres mutilados emocionalmente. Personajes sin sentimientos, con sangre fría para matar, con capacidad de autocontrol; tipos duros que ni sienten ni padecen. Son dioses o semidioses, son máquinas de matar preparadas para sobrevivir y eliminar a sus enemigos.

La única diferencia entre todos los machos violentos es que unos son *los buenos* y otros son *los malos*. Los alfa buenos luchan por causas nobles, como salvar a la humanidad de amenazas nucleares o de ataques terroristas, salvar a reyes cuyo reino está amenazado, salvar a princesas secuestradas, vigilar y proteger de los peligros que acechan a cantantes famosas, etc.

Tanto los buenos como los malos son seres solitarios, autosuficientes, eficaces y precisos en sus ejecuciones, valientes, entregados a la causa, agresivos para defenderse de sus enemigos. Ya sea con espadas, pistolas, metralletas, granadas de mano, palos, hachas o machetes, bates de béisbol, granadas de mano, arcos con flechas, o sus propios puños cuando lo pierden todo, los machos alfa despliegan todo su poderío y sus artes para la guerra.

En todas las películas muestran la potencia de sus músculos, sus habilidades para saltar y esquivar, noquear, correr, conducir por las calles de la gran ciudad a un ritmo frenético. Ellos muestran su sudor, su sangre y su dolor, y los espectadores se extasían con su desmedida capacidad de resistencia y aguante. Pueden pasar días sin dormir, sin comer, heridos y sin compañía, y sobrevivir, porque son héroes de hierro.

Casi todos tienen un pasado doloroso del que no quieren hablar, pero que les ha convertido en tipos duros, desconfiados, sin capacidad de entrega, con dificultades para expresar lo que sienten, incapaces de compartirse a un nivel profundo en la intimidad. Este pasado doloroso suele ser el abandono o la muerte de su amada: desde entonces sus corazones están cerrados, y son completamente incapaces de sentir emociones positivas.

Hasta que llega la chica que logra ablandar su corazón. Las heroínas siempre quieren enamorar al héroe que no se deja dominar y que defiende su libertad con uñas y dientes. Ellas se ofrecen para satisfacer las necesidades sexuales del héroe y para darles todo el cariño que no se atreven a reconocer que necesitan. Las mujeres siempre están en un segundo plano, apoyando al héroe, esperándolo, deseando ser las elegidas para ocupar el papel de "descanso del guerrero".

Estos son los modelos de masculinidad y feminidad con los que construimos nuestra identidad: hombres dominantes y mujeres sumisas. Nos reconocemos y nos proyectamos en estas figuras estereotipadas, y aprendemos a ser hombres o mujeres imitando e identificándonos con ellas. Los niños admiran a estos héroes igual que a los futbolistas de elite, los efectos especiales y la tecnología los convierten en verdaderos dioses: hombres poderosos, agresivos, sexys, inteligentes, guapos, sanos y jóvenes que ganan todas las batallas en las que se meten, sin importar el número de muertos que les lleva a la victoria.

Estos hombres jamás tienen compañeras, solo gozan de mujeres subordinadas y entregadas que aumentan su poder y su prestigio: cuantas más mujeres sumisas y complacientes, mayor poder tiene el macho. El guerrero no sabe cómo tratar a las mujeres porque nunca se ha relacionado con ellas de tú a tú. En las películas la mayoría de las mujeres son prostitutas o princesas, mujeres malas o mujeres buenas, las que se merecen ocupar el trono de la esposa del guerrero, y las que no. La mayoría de ellas son miedosas, caprichosas, hipersensibles, sumisas y se muestran siempre dispuestas a querer y a cuidar al guerrero tras las batallas que ha de librar. Son mujeres solitarias que no tienen amigas, que pasan la vida esperando, que no saben solucionar sus problemas por sí solas, que necesitan atención y protección, y que jamás cuestionan el poder del macho alfa. Admiran y quieren mimar al niño herido que habita en todos ellos.

Es hora de dejar de ensalzar a los hombres violentos y comenzar a mostrar otras masculinidades: vivimos en un mundo muy diverso y hay muchas formas de ser hombres. Necesitamos modelos de masculinidades alternativas que aprendan a resolver sus problemas sin violencia, a relacionarse con las mujeres de igual a igual y a construir redes de afecto, de solidaridad, de cooperación y de ayuda mutua.

Necesitamos otros héroes, otras tramas, otros finales felices: no sirve de nada educar a los niños para que no sean machistas ni violentos, si no les ofrecemos otras referencias con las que construir su identidad de género. Necesitamos romper con todos los mitos, roles, estereotipos y mandatos de género que perpetúan la violencia machista: necesitamos un cambio radical que promueva la cultura de la paz y el derecho a vivir una vida libre de violencia.

Para mejorar y transformar nuestro mundo, tenemos que contarnos otros cuentos y acabar con la mitificación del macho violento. Si no acabamos con la cultura patriarcal, nuestra economía, formas de organizarnos políticamente, instituciones, imaginario colectivo, formas de relacionarnos y de querernos seguirán siendo las mismas durante muchos siglos más. Para acabar con la dominación de unos pocos sobre la mayoría y con el sufrimiento de millones de personas en todo el planeta, hay que dejar de endiosar a los violentos y a los mutilados. Necesitamos nuevos modelos de feminidad y de masculinidad, nuevas heroínas y héroes, nuevas tramas y nuevos finales felices: necesitamos una revolución cultural.

CAPÍTULO 11

LOS HOMBRES Y EL MITO DE LAS PRINCESAS

Las princesas son esas mujeres que aparecen en los cuentos de hadas entregadas al amor. Son mujeres hermosas, dulces, discretas, tranquilas, generosas, altruistas, entregadas, sacrificadas, abnegadas, románticas y soñadoras, frágiles y sumisas, sensibles y delicadas, con capacidad para amar con devoción y para cuidar a su amado y a la familia feliz que construye junto al él.

Son todas mujeres que están solas en el mundo: en los cuentos nunca aparecen con sus madres, hermanas, primas, tías, abuelas o vecinas. No tienen amigas, y mucho menos amigos. Carecen de compañía y esperan a ser rescatadas de la vida que llevan, normalmente una vida aburrida, de encierro y soledad, como las princesas de la torre, o una vida de explotación y semiesclavitud, al estilo de Cenicienta o Blancanieves. Princesas todas que esperan y esperan, con la creencia de que pronto recibirán el premio justo a su paciencia, a su lealtad, a su fe en el amor.

A los hombres patriarcales les encanta la idea de tener a una mujer esperando a que corran sus aventuras de juventud para ir a buscarlas cuando se vean obligados a sentar la cabeza. Y les gusta más cuanto más sufren, porque al salvarlas de su encierro, de su explotación, o de su aburrimiento es más heroica su acción. Cuanto más vulnerable se sienta ella, más importante se sienten él, y más crecido en su rol de salvador.

Las fantasías románticas de los hombres también les hacen sufrir. Algunos viven una eterna decepción porque ninguna de las mujeres que encuentran en el camino cumple con todos los requisitos. Por ejemplo, no encuentran ya mujeres vírgenes: ellos quieren recibir su regalo de hombre adulto *sin estrenar*, con la pureza e inocencia de la feminidad no contaminada, al estilo de la virgen María, el modelo de mujer que sirve a Dios para alumbrar a su hijo en la tierra.

A los chicos les gusta imaginar a la mujer ideal como una esposa-madre que les cuide, esté pendiente de ellos, les ayude, les sirva y ame tan incondicionalmente como ama una madre a sus hijos. Quieren mujeres entregadas, sin pasado, sin vida sexual previa, sin amigas, sin experiencias anteriores con hombres, pues creen que si solo los conocen a ellos, solo los desearán y amarán a ellos, no habrá interferencias del pasado ni del presente. Por eso necesitan a mujeres aisladas de su entorno que rivalicen entre sí por probarse el zapato y ser la elegida para ocupar el trono del amor.

La mujer ideal que nos ofrece el imaginario patriarcal es blanca, rubia, bella, complaciente y encantadora. Sus manos no son las de una mujer trabajadora y no se mezcla con el populacho: permanece inmaculada en su torre de marfil, preocupada por su belleza y centrada en su necesidad de ser amada y protegida por un macho alfa.

Sin embargo, ellos pueden vivir sus aventuras sexuales con cuantas mujeres quieran, desahogarse y aprender las artes del amor con otras, mientras no se impliquen emocionalmente en ninguna relación. Como la princesa es la que ocupa el trono, todas las demás mujeres son colocadas en un nivel inferior, de manera que los hombres se sienten legitimados para relacionarse con ellas desde una posición de poder que le permite utilizarlas, cosificarlas, engañarlas, ningunearlas y portarse mal con ellas. Algunos chicos lo advierten nada más empezar: "Tú para mí no eres nada, yo no me voy a enamorar". La mayoría vive soñando con la llegada de la mujer que sí merezca su confianza y su amor. Una mujer que no ha llegado aún, pero que llegará. Y, mientras tanto, ellos se sienten con derecho a tener relaciones sexuales con otras mujeres para *pasar el rato* hasta que llegue el *gran día*. Las mujeres de inferior nivel (o sea, las mujeres de carne y hueso), no son dignas de ser amadas, porque, para la masculinidad patriarcal, no se puede confiar en ninguna de nosotras: somos todas malas, interesadas, manipuladoras, cobardes, mezquinas, y traicioneras. Todas, excepto las princesas, que son difíciles de encontrar.

Desde bien pequeños a los niños se les educa para que nos vean como a enemigas que quieren quitarles su libertad y su poder, por lo que han de evitar ser seducidos. El ejemplo a seguir es Ulises, que venció la tentación de las malvadas sirenas, y cuando volvió de sus aventuras tenía a Penélope esperando, pues durante treinta años había rechazado a numerosos pretendientes con la confianza de que algún día regresaría su amado. Ella fue el premio a su valentía por no dejarse embaucar por la belleza y los cantos de las sirenas (aunque sucumbió a los encantos de Circe, pero "así son los hombres", y así se les quiere y se les perdona). Penélope es la mujer que todo guerrero desea: una mujer que espera con lealtad y sumisión a su amado.

Y así las cosas, muchos hombres pasan la vida soñando con su mujer ideal, o resignados a no encontrarla jamás.

Pasan de relación en relación y se quedan siempre en la superficie, con la armadura puesta, sin desnudarse, sin conectar, sin abrir su corazón: luchan por no enamorarse, aferrados a la idea de la existencia de una mujer "mejor", y no pueden "conformarse" con una de carne y hueso, no pueden arriesgarse a que cualquier mujer les traicione y les rompa el corazón.

El mito de la princesa les hace mucho daño porque les impide disfrutar del presente y les mantiene presos de un ideal que no van a encontrar jamás. Todas las mujeres somos imperfectas, tenemos pasado, tenemos nuestros propios sueños, nuestros propios deseos, y ninguna hemos nacido para esperar ni para amar incondicionalmente. Las mujeres de carne y hueso nacemos todas libres: nos enamoramos, nos desenamoramos, elegimos nuestra pareja, terminamos nuestras relaciones, y también nos decepcionamos porque no existen los príncipes azules.

Nunca van a encontrar a la mujer que los ame para siempre sin importar cómo la traten.

Las mujeres de carne y hueso no nacimos para aguantar, ni para servir, ni para dar nuestra vida entera a otra persona olvidándonos de la nuestra. Nunca van a encontrar a una mujer que obedezca todos y cada uno de los mandatos de género, porque todas las mujeres estamos en lucha dentro y fuera de nuestras casas, porque todas nos rebelamos en mayor o menor medida contra la dictadura del patriarcado, y porque todas soñamos con liberarnos para poder ser y amar en libertad.

Y colorín colorado, este cuento de príncipes y de princesas se ha acabado.

CAPÍTULO 12

EL MITO DE DON JUAN Y LA SEDUCCIÓN MASCULINA

Los hombres educados en la cultura patriarcal aprenden pronto que para cortejar a una mujer hay que endulzar sus oídos con bellas palabras. Hay que mentirlas con delicadeza, con ternura, o simulando una pasión desenfrenada y cegadora. A todas puedes decirles lo mismo sin variar apenas el guion, solo tienes que exaltar su belleza, hacerlas sentir seres especiales y únicos en el mundo, y hablarles de futuro.

Con estos ingredientes y haciendo alarde de una tremenda generosidad (independientemente de los recursos de los que se dispongan, lo importante es demostrar que se está dispuesto a compartir lo que se tenga), los hombres pueden seducir a todas las mujeres que quieran.

Es más fácil con las que tienen la autoestima muy baja y necesitan escuchar muchos halagos, o con las mujeres muy inseguras que necesitan tener certidumbre sobre su futuro. Por eso los hombres repiten todos el mismo discurso: "Qué ojos/sonrisa/boca/manos/cuerpo tan hermoso(s)"; "Eres una mujer maravillosa/guapa/especial/única"; "Eres diferente a todas las demás"; "Nunca había conocido a nadie como tú"; "Nunca había sentido esto tan fuerte que estoy sintiendo por ti"; "Eres mi princesa y quiero que vivas a mi lado como una reina"; "Por ti soy capaz de cualquier cosa"; "Yo te traigo la luna y todo lo que tú me pidas"; "Quiero casarme contigo y formar una familia"; "Cada día veo más claro que eres la madre de mis hijos"; "Agradezco a la vida haberte conocido y poder ver cada día esa sonrisa maravillosa"; "Quiero que te conozca mi madre para que bendiga nuestra unión"; "Eres la rosa más hermosa de la creación". Y otras cursiladas parecidas.

Eso es lo que ellos creen que las mujeres necesitan oír, y con estas armas de seducción, aderezadas con regalos (bombones, flores, joyas, móviles o tabletas, etc.), tienen el éxito casi asegurado. Los hombres usan la adulación para conquistar al ego y aumentar la autoestima de las mujeres. Sin embargo, para lograr el mismo efecto, también se puede utilizar una especie de bumerán: el *negging*, que consiste en señalar un defecto de la víctima para hacerla sentir vulnerable, necesitada de halagos que le hagan sentir valiosa.

El macho da muestra de su potencia sexual y de su virilidad a través de la conquista de las mujeres, pero para ello tiene que comportarse con una falta de ética total y absoluta: no vale apiadarse de las víctimas, siempre es más importante la demostración de su hombría delante de los otros hombres. Para conseguir el fin no importan los medios: los hombres no necesitan portarse bien con las mujeres porque el amor es una guerra, y en la guerra todo vale para conseguir la victoria.

Los trucos para conquistar a una mujer son muchos: pero lo de las promesas de futuro falsas es universal. Enuncian promesas de futuro que no piensan cumplir, y una vez han conseguido su objetivo, muchos desaparecen, se desintegran, huyen como gacelas al estilo de don Juan. El personaje de don Juan puso de moda este estilo de hombre promiscuo y mentiroso que destroza corazones y desvirga doncellas como si se encontrase en una competición.

La necesidad de poder que posee a don Juan ha sido señalada por diversas autoras, como Elena Soriano o Rosa Pereda, como un síntoma de soberbia, de vanidad machista, de orgullo fálico, más que como un pecado de lujuria incontenible. De hecho, existen teorías que incluso cuestionan la potencia sexual de don Juan, o que creen que su necesidad de demostrarse viril se debe a una necesidad de ocultar y reprimir su homosexualidad, como les ocurrió a Gregorio Marañón o a Ramón Pérez de Ayala.

Don Juan disfrutaba más presumiendo de sus conquistas que haciendo el amor con ellas. En realidad, su poder residía en su forma de desafiar y burlarse de los demás hombres: los padres que guardaban celosamente a sus hijas para un buen matrimonio, los futuros novios, los hombres de la familia... Cada doncella que desvirgaba era un tanto que se anotaba respecto al dueño o los dueños de esa mujer: las enamoraba y luego les destrozaba el corazón, porque a él no le importaban realmente las mujeres, sino los hombres. Por eso no buscaba mujeres casadas o prostitutas, sino monjas y mujeres vírgenes a las que ensuciar y contaminar. No muestra ninguna clase de empatía: es un hombre machista, egoísta, mentiroso, inseguro y deshonesto. Es un chulo y no sabe cuidarse ni cuidar a sus compañeras sexuales: necesita, como tantos hombres, ser el centro de la atención y recibir los cuidados de las mujeres.

Y, sin embargo, las desprecia y huye de la intimidad con ellas, del compromiso emocional. Cuanto más sufren por él, más macho se siente. Cuanto peor las trata, más se someten. A don Juan lo que le preocupa realmente es "el qué dirán", su prestigio social como semental irresistible. Conquistando mujeres, reafirma su identidad y su virilidad, y, sobre todo, hace alarde de su poder.

Don Juan desea suscitar envidia en los demás machos, y se marcha rápido de la vida de las mujeres mancilladas para permanecer en sus corazones como el hombre ideal, el amor inalcanzable, la espinita clavada, el deseo no satisfecho. Él se va, y ellas se enamoran precisamente porque se va, y su persona queda mitificada por la distancia y la imposibilidad de satisfacer el deseo. Don Juan es, pues, deseable, porque es efímero, porque no es marido, sino amante fugaz. Y podríamos preguntarnos: ¿por qué las mujeres se dejaban engañar por don Juan? Esto tiene mucho que ver con la rendición y redención de don Juan al final de la historia. Se enamora de doña Inés, una monja muy virtuosa con la que nos identificamos todas. En los cuentos, las elegidas para el matrimonio son mujeres especiales que se distinguen de las demás porque los hombres hincan la rodilla en señal de pleitesía y sumisión. Son mujeres tan buenas y tan maravillosas que hasta el promiscuo más vicioso deja de serlo para alcanzarlas.

Ellas pretenden hacer creer que se puede domesticar y amansar a los hombres a través del amor: se puede hacer que cambien y que asuman su rol de príncipe azul. Solo tienen que esperar a ser descubiertas: don Juan se acaba encontrando con doña Inés, y ella por fin logra que don Juan se arrepienta de su vida de pecador y pendenciero, pida perdón, se redima de sus pecados y se entregue al amor.

El don Juan que finalmente se enamora es el mito más dañino para el imaginario femenino, porque hace creer en la posibilidad de la rendición final del cazador: el cazador cazado. Anima a las mujeres a enamorarse de hombres inmaduros para que los eduquen, los amaestren, los cambien. Y también seducen con la idea de que las mujeres serán muy poderosas cuando logren lo que ninguna otra mujer ha conseguido: domar al macho, ponerlo de rodillas. El prestigio aumenta cuanto más difícil resulta el cometido:

a las mujeres también nos gustan mucho los desafíos, y por eso don Juan se hace el difícil o el imposible, hasta que al final abre su corazón y se deja invadir por la magia del amor eterno. Las mujeres se dejan seducir por el sueño de ser doña Inés. Su necesidad de ser amadas es tan fuerte que se arriesgan a perderlo todo con tal de probar suerte. Pierden el honor, la reputación, y la posibilidad de casarse, pero lo hacen porque son seres sexuales y deseantes, porque les pone mucho la imposibilidad, y porque quieren seducir a don Juan para que se arrodille frente a ellas.

Y don Juan les demuestra que ninguna merece la pena, que ninguna tiene el nivel para ser su doña Inés, que ninguna tiene poder para enfrentarse a él y dominarlo, y que no piensa enamorarse porque quiere ser libre, tiene miedo al amor y desprecia a los seres inferiores a él.

Don Juan solo respetará a la mujer que sea capaz de resistirse a sus encantos, la que se mantenga firme en su decisión, resista al deseo, "se respete a sí misma", sepa reprimirse y defender su reputación. Y esta es la lección que nos dan a las mujeres: si don Juan no te respeta es culpa tuya por sentir deseo sexual. Si quieres que te ame, tienes que evitar el sexo antes de la boda, demostrarle que eres más fuerte que él y que te reservas para él.

Esta es la trampa del patriarcado: a nosotras nos seduce para que no perdamos la virginidad y a los hombres les seduce para que den lecciones a las mujeres que caen bajo el poder de sus encantos. Lo que este mito propone a los hombres es que su virilidad depende de la cantidad, no de la calidad de sus encuentros sexuales. Y les da permiso para hacer sufrir a seres humanos: lo importante es pasarlo bien, anotarse otro punto más, demostrar quién tiene el poder, quién lleva los pantalones, quién decide si una mujer merece el trono o queda descartada como futura esposa una vez que es penetrada.

CAPÍTULO 13

HOMBRES QUE NO ENTIENDEN QUE NO ES NO

En la época de mi abuela, a principios del siglo XX, las mujeres tenían que "hacer como si no" para mantener su reputación de mujeres respetables. Si les gustaba un chico, tenían que disimular y esperar a que él se acercase. Si él se acercaba, tenían que hacerse "las duras", y "hacer como que" no querían ser cortejada, para que él insistiese. El deber de los hombres era esforzarse para ver si alguna cedía. También insistían para probar a las mujeres que pretendían conquistar. Ellos tenían que parecer muy interesados, y muy comprometidos, aunque no fuera cierto. Las mujeres solo podían dejar acercarse a aquel que quisiese casarse con ellas, y no podían relacionarse con otros para mantener siempre su imagen de mujer virgen.

Se jugaban mucho las mujeres en esto: no podían ir más allá de los besos porque su peor amenaza era quedarse solteras y señaladas como mujeres fáciles. Así que, quisieran o no, tenían que hacerse las difíciles, reprimir su deseo, frenar el deseo del otro y asumir que su vida sexual sería nula hasta el día de la boda, mientras que ellos sí podían desahogarse.

Las que cedían a la tentación sabían cuál era el castigo: chismes y rumores, burlas y sermones, y cuando había embarazo antes del matrimonio, entonces el chico huía despavorido para evitar la boda con una "mujer fácil". Esta doble moral es lo que hacía que las mujeres tuvieran que rechazar cualquier propuesta. Su misión era resistir todo lo posible para no caer en los brazos del hombre que las deseaba y al que deseaban. Porque un buen polvo podría acabar para siempre con su futuro: ser soltera en un mundo en el que las mujeres no podían trabajar significaba una condena a la pobreza y a la soledad.

Después, una vez que la mujer había resistido como una campeona y había logrado el compromiso matrimonial, se encontraba con que tenía que seguir un poco en las mismas, pues los hombres desconfían de las mujeres que disfrutan mucho del sexo.

Ya casadas tenían que aparentar que cumplían con su obligación, que disfrutaban porque el macho era poderoso, pero no demasiado para no parecer indecentes. Entonces su negativa a veces era en realidad un consentimiento, pero resultaba complicado para los hombres entenderlo, más teniendo en cuenta que para ellos las mujeres eran cosas y debían estar siempre disponibles.

El acoso sexual estaba romantizado, y sigue estándolo en las películas: el insistente siempre acaba logrando su objetivo, derribando los muros de la princesa que se resistía al amor, consiguiendo lo que quería gracias a su paciencia y perseverancia.

Hoy en día las cosas han cambiado mucho. Ahora las mujeres ya podemos decir no cuando no lo deseamos o sí cuando nos apetece, y hasta podemos iniciar nosotras el cortejo y la seducción. Ahora es todo mucho más sencillo: no hay posibilidad de equivocarse.

Muchos hombres, sin embargo, siguen sin entender ni asumir una negativa y el rechazo de alguien que se supone que en el fondo lo está deseando. Hemos vivido muchos siglos en esa doble moral que nos hace a las mujeres tener que estar siempre disponibles a los reclamos del macho, aparentando que no queremos hacerlo, pero deseándolo mucho. Muy en "el fondo".

Uno de los objetivos del feminismo es acabar con esa doble moral, y con la romantización del acoso. Lo explicamos una y otra vez, pero en el imaginario patriarcal persiste la idea de que cuando nos fuerzan, en el fondo estamos disfrutando. Está muy extendida la idea de que una de nuestras fantasías sexuales es la violación, pero disimulamos para no parecer ninfómanas. De alguna manera, el mensaje que el patriarcado les lanza a los hombres es que las mujeres queremos pero hemos de hacernos desear, y que basta con insistir mucho para que cedamos a sus deseos. Bajo esta lógica del patriarcado, las mujeres tenemos el ego muy grande y necesitamos muchos piropos, pero en realidad estamos deseando entregarnos a los reclamos sexuales o románticos del otro.

Sabiendo entonces el motivo de la confusión, podemos acabar con el problema: en el siglo XXI, cuando una mujer quiere tener relaciones con un hombre, las tiene y las disfruta sintiéndose libre. Por el contrario, cuando una mujer no lo desea, no las tiene y lo dice sin miedo y sin culpa. No quiere y no querrá más adelante, por lo que es innecesario que los hombres se esfuercen para seducirla utilizando el manual de las frases bonitas. No quiere, y punto. Es un ser humano libre con capacidad para discernir qué quiere y qué no.

A muchas mujeres ya no nos importa la reputación, y elegimos con quién queremos acostarnos, cuándo y cómo queremos hacerlo. Podemos elegir si queremos pasar una noche loca o si queremos una relación duradera, y ya no tenemos que parecer mujeres asexuales para que nos respeten. No hemos de reprimirnos, ni ocultar que nos gusta el sexo y cómo nos gusta, ni con qué frecuencia lo practicamos. Cuando queremos lo hacemos; y cuando no queremos no lo hacemos.

Y siendo todo tan simple, es más fácil entender que ahora todos somos libres para decidir, para coquetear un rato o llegar al encuentro sexual si la cosa fluye, para parar cuando ya no nos apetece o cuando no estamos disfrutando. Y de este modo disfrutamos todos y todas: no hay confusión ni malentendidos posibles, no hay un doble discurso. Sí es sí, y no es no.

Y cuando hemos aceptado, tenemos derecho a negarnos en cualquier momento: con las bragas bajadas, desnudas... En cualquier instante podemos parar.

Cuando no podemos dar una respuesta porque estamos muy borrachas, entonces es siempre "no". Si la otra persona no está consciente, no hay deseo, y, por lo tanto, no hay consentimiento.

Los hombres siempre se han creído con derecho a acceder a las mujeres porque el patriarcado les ha hecho creer que somos objetos al servicio de su deseo y de sus necesidades, que estamos ahí, disponibles, como la fruta de los árboles, al alcance de cualquier hombre. Si no hay un hombre que nos proteja (padre, marido, novio, hermano), parece que cualquiera puede acercarse a pedir una sesión de sexo a una mujer que no pertenece a otro macho. Es como si fuéramos animales salvajes: como no somos de nadie, entonces tenemos que complacer a cualquier hombre que nos pida sexo. Si no es de un hombre, una mujer pertenece a todos los hombres.

Por eso, a muchas mujeres que se niegan a tener sexo, las violan y las matan. Por desobedientes: si no cumplimos con nuestra misión de servir a los hombres, nos castigan. Nos meten droga en la bebida, se aprovechan de nosotras cuando estamos muy borrachas, nos violan en grupo al final de una fiesta. Hay hombres que creen que si las mujeres están de fiesta no es para disfrutar, sino para buscar un hombre que quiera follárselas. Piensan que si volvemos solas a casa, es porque en el fondo estamos deseando que nos violen. Si fuéramos mujeres respetables, iríamos acompañadas de un hombre.

Es tan fuerte esta negativa incapacidad de algunos hombres para asimilar una negativa, que algunos creen que las mujeres que les dicen que no, en el fondo se sienten muy atraídas por ellos. Por eso no consideran que forzar a una mujer que haya dicho que no sea una violación, porque realmente sí quiere.

Por eso cuando se quiere insultar a una mujer, se le dicen cosas como: "No te mereces ni que te violen, eres tan fea". Bolsonaro en Brasil, Trump en Estados Unidos: los supermachos creen que todas deberíamos sentirnos orgullosas y halagadas cuando un hombre nos desea y nos quiere forzar. Ni se les pasa por la cabeza que cuando nos violan morimos del asco y del miedo, nos dan ganas de vomitar: no hay nada más asqueroso y humillante que follar con alguien que no se desea.

Algunos hombres tienen muchos problemas para admitir no solo el rechazo sexual de las mujeres, también el rechazo amoroso. Su ego se siente herido en lo más profundo, se siente ninguneado, y hace que se tambalee también su autoestima. Los hombres que tienen problemas con su orgullo, hacen la vida imposible a las mujeres que no les corresponden, o a las compañeras que se desenamoran y quieren separarse. No les cabe en la cabeza que una mujer pueda abandonarles, así que reaccionan con mucha violencia cuando llega el momento de la separación. Algunos pasan meses y años amenazando, acosando, humillando, insultando y tratando de hundir psicológicamente a su expareja. Muchos se sienten víctimas del rechazo de las mujeres, y, como les han roto el corazón, creen que tienen todo el derecho del mundo a saciar su sed de venganza. Es la violencia romántica, sublimada en las películas y en los medios de comunicación, basada en la idea de que cuando un hombre te odia es porque te ama, y cuando un hombre te trata mal es porque le importas. Esta idea legitima la violencia machista y culpa a las mujeres de las agresiones que sufren por parte de hombres que no aceptan su negativa, asumen el papel de víctimas y se sienten con derecho a devolver el daño que están sufriendo con creces.

CAPÍTULO 14

LOS HOMBRES Y LA HONESTIDAD

—Cariño, ¿qué haces?

—Estoy en la cama, a punto de dormirme. ¿Y tú, mi amor?

—Estoy en la barra de la discoteca, detrás de ti.

Este es uno de los temas preferidos de los chistes machistas: él miente, ella le pilla. Es el juego del gato y el ratón: en las relaciones heterosexuales a nosotras nos toca el papel de policías, juezas y carceleras, mientras ellos juegan como chiquillos traviesos que se divierten haciendo sufrir a mamá.

¿Por qué los hombres patriarcales mienten tanto?; ¿por qué un hombre puede ser buena persona con todo el mundo, pero portarse mal con su pareja?; ¿por qué los puticlubs están a rebosar de hombres casados todos los días de la semana?; ¿por qué en algunos países es habitual que tengan dos y hasta tres familias cuando han prometido ante el altar o ante el juez fidelidad y lealtad hacia su pareja oficial?; ¿por qué creen que es normal y necesario ocultarle información a su pareja, pero no soportan que ellas les mientan?; ¿por qué defienden su libertad pero limitan la de su compañera?; ¿por qué enamoran a las mujeres con promesas de futuro y cuando logran conquistarlas se olvidan de lo prometido?

Bueno, en primer lugar hay que comprender el contexto: toda nuestra cultura amorosa y sexual está construida bajo la lógica de la doble moral: las mujeres que disfrutan con muchos hombres son ninfómanas, los hombres que disfrutan con muchas mujeres son hombres, muy hombres. La monogamia se inventó para nosotras: ellos siempre han disfrutado de la diversidad sexual y amorosa. El castigo por quebrar las normas del heteropatriarcado es poca cosa: unos días durmiendo en el sofá para después ser readmitidos en el lecho conyugal. Aunque se sientan furiosas, las mujeres patriarcales siempre acaban perdonando las "canitas al aire" de sus maridos.

¿Por qué las mujeres invierten tantas energías en vigilar y castigar a sus esposos? ¿Por qué siempre perdonan las infidelidades y las mentiras de los hombres? Primero, porque hasta hace bien poco, las mujeres no podían divorciarse, o sea, no tenían otra alternativa. Y segundo, porque la doble moral justifica el adulterio masculino echándole la culpa a las mujeres: somos nosotras las que seducimos e inducimos al pecado. El mundo está lleno de malas mujeres que no respetan la propiedad privada de las esposas, que tientan a los hombres a cada paso. Con tanta seductora malvada es "normal" que no siempre puedan escapar: lo importante es que luego se arrepientan y hagan propósito de enmienda. Al menos hasta el siguiente ataque de lujuria femenina que les lleve a la perdición.

En el imaginario colectivo patriarcal persiste la idea de que los hombres tienen un apetito sexual desmesurado y que, aunque hagan grandes esfuerzos por controlarse, no son de hierro, sino de carne y hueso. Sucumben a los encantos femeninos porque son débiles, por eso se dejan llevar por los amigotes al puticlub, o se dejan seducir por perversas mujeres "robamaridos". Es lo mismo que le pasó al pobrecillo de Adán, que se dejó llevar por la insolente y desobediente Eva.

En este imaginario patriarcal, la culpa de las infidelidades la tenemos nosotras siempre. Las mujeres infieles son monstruosas, y se les aplica el máximo castigo: la muerte. En muchos países un marido puede asesinar a su esposa (en la España franquista era legal) o llevarla a la plaza pública para que la insulten y la apedreen hasta la muerte. En España, el privilegio de la "venganza de sangre" fue reintroducido por el régimen franquista y estuvo vigente en el Código Penal hasta 1963 (no durante toda la dictadura). Los privilegios del marido en cuanto a "cabeza de familia" que impedían a la mujer heredar, disponer de sus bienes, abrir una cuenta bancaria, etc. no desaparecieron de la legislación hasta 1975, con la reforma del Código Civil.

En la mayor parte de los países, la prensa sigue justificando los asesinatos de mujeres que fueron infieles, transmitiendo a la opinión pública un claro y peligroso mensaje: si una mujer desobedece a su marido o le lleva al límite, es normal y natural que la torture y la quite la vida.

Otras formas de castigo que sufren las mujeres rebeldes son: el chisme, el desprestigio social, el ostracismo, la expulsión de la comunidad, las palizas del marido, etc. Esto se aplica también a las mujeres que abortan, las que no quieren casarse con el marido que su padre les ha asignado, las lesbianas, las "raras", las adúlteras, y las que desobedecen los mandatos de género y construyen su feminidad al margen de las normas del patriarcado.

Las "mujeres malas" no se merecen el trono del matrimonio: pueden ser utilizadas juguete sexual, especialmente las ninfómanas, esas mujeres locas y anormales que disfrutan del sexo. Las esposas ideales son siempre aquellas que aguantan las mentiras, las infidelidades y todo lo que les hagan: son mujeres a las que se puede tratar mal sabiendo que no van a dejar la relación, van a ser comprensivas y perdonarán siempre, querrán a su pareja incondicionalmente.

Las "mujeres buenas" son como las madres: señalan el buen camino, invierten mucha energía en educar, domesticar, vigilar, perdonar una y otra vez para que el hombre pueda simular que estás arrepentido y prometer que va a cambiar, repitiendo la mentira tantas veces como sea necesario para resultar creíble.

Y, sin embargo, en esta guerra quienes pierden son las madres-esposas que siempre perdonan a sus maridos-hijos. Dedican tanto tiempo y energía al juego del gato y el ratón, que se les olvidan sus propias necesidades, sus deseos, sus sueños, su placer, sus proyectos, sus aventuras, su erotismo y su alegría de vivir. Cuando el foco de atención se dirige siempre al infiel, las mujeres viven amargadas tratando de evitar "lo inevitable".

Da igual que monten dramas o broncas, poco importan las amenazas, los chantajes o las estrategias de victimismo: a los maridos no les da ninguna pena el dolor que sienten sus esposas. Les gusta ser infieles porque es una manera de dominar, de enseñarle a su compañera quién lleva los pantalones. Disfrutan haciéndolas sufrir, poniendo a prueba su sumisión.

¿Por qué las mujeres asumimos este papel de carceleras? Primero, por una cuestión de supervivencia. Ellos tienen los salarios más altos, las tierras, los medios de producción, los medios de comunicación y los puestos de poder en todos los ámbitos de la economía y la política, lo que quiere decir que nosotras somos más pobres y más precarias. Y esto implica que muchas dependen de una pareja masculina para sobrevivir y para criar a los hijos e hijas. Por lo tanto, el riesgo de quedarse sin medios de subsistencia si el hombre decide irse con otra mujer es muy alto.

Segundo, las mujeres tratan de contener al lujurioso porque nos han hecho creer que los hombres en general son incapaces de controlarse a sí mismos, que son como niños, y se asume como algo "natural" que en todos los ámbitos parecen adultos responsables menos en el ámbito de la pareja, ese espacio en el que dejan de ser personas honestas y se convierten en mentirosos patológicos. Algunos lo hacen tranquilamente, porque saben que la otra persona depende de ellos, y otros lo hacen con remordimientos, porque se sienten culpables sabiendo que causan dolor a su pareja. Si el matrimonio patriarcal fuese una monarquía, ellos serían los reyes absolutos. Los hombres aprenden desde pequeños que tienen derecho a tenerlo todo: esposa, putas, amantes, y todos los hijos e hijas que quieran, legítimos y bastardos. En estos tiempos posmodernos en los que las parejas se casan por amor, sin embargo, los hombres tienen que mentir para sostener el falso mito del amor eterno y verdadero, porque es el código con el que se relacionan las mujeres para emparejarse.

Para poder disfrutar de todo a la vez, los hombres patriarcales tienen que mantener una doble vida: por un lado ser adultos coherentes y honestos que juran fidelidad eterna en la ceremonia nupcial, y, por otro, ser machos alfa con derecho a tenerlo todo. Como siempre o casi siempre los descubren, unos optan por hacerse las víctimas ("Me dejé llevar"), echar la culpa a una tercera persona ("Ella me sedujo, yo traté de resistir a la tentación") o al alcohol y a las drogas ("Ni me di cuenta de lo que estaba haciendo"). Su salvación es negarlo todo, incluso aunque les pillen infraganti ("Mi amor, no es lo que parece"), o prometer que nunca más volverá a suceder (una y otra vez). En general, la impunidad de la que gozan los hombres es universal.

Las mujeres tienen varias estrategias para hacer frente a estas travesuras de sus chicos: unas hacen como que no se enteran y otras optan por la guerra total: vigilan, construyen una red de informantes, violan su intimidad, contratan a un detective, chantajean a su esposo, amenazan a las amantes de su esposo o les aplican castigos (les tienen sin sexo, les dejan de hablar, montan escenas de terror, se hacen las víctimas y lloran amargamente para que el adúltero se sienta mala persona y se arrepienta).

Entonces el esquema es siempre el mismo: él es infiel y miente, ella le descubre, le castiga y le perdona, y vuelta a empezar. El papel de las esposas modernas es ser un poco como las mamás que aman a sus niños incondicionalmente. Da igual las veces que desobedezcan o se porten mal: ellas siempre perdonan.

Nosotras asumimos el rol de educadoras de los hombres, entre otras cosas para que aprendan el valor de la sinceridad y de la honestidad. Nosotras les señalamos el camino correcto y les guiamos por la senda del bien. Les animamos para que se comporten como adultos, les regañamos si se portan mal, les hacemos prometer que no lo volverán a hacer, les creemos cuando hacen propósito de enmienda, les volvemos a perdonar una y otra vez. Esto es lo que se espera de una buena mujer: que aguante, que sea comprensiva, que actué como "freno de mano", que sea un muro de contención para que el "natural ardor sexual" de sus maridos no se desborde.

Las buenas mujeres son muy sufridoras, por eso en las coplas españolas cantaban cosas como lo que se dice en esta de Quintero, León y Quiroga:

Y SIN EMBARGO TE QUIERO

Te esperaba hasta muy tarde,
ningún reproche te hacía,
lo más que te preguntaba
era que si me querías.

Y bajo tus besos,
en la madrugá,
sin que tú notaras,
la cruz de mi angustia,
solía cantar:

Te quiero más que a mis ojos,
te quiero más que a mi vida,
más que al aire que respiro
y más que a la madre mía.

Eres mi vida y mi muerte,
te lo juro, compañero,
no debía de quererte,
no debía de quererte
y sin embargo te quiero.

Los hombres, en cambio, prefieren canciones sobre el conflicto que sienten al estar obligados a elegir entre la amante jovencita que les hace sentir poderosos y atractivos y la fiel esposa que les espera en soledad, como decía José Luis Perales en su famosa canción "Tentaciones". En la letra le decía a su amante que aunque con ella se lo pasaba muy bien ("Tú eres la aventura, la risa y la ternura"), prefería quedarse con su esposa, porque es la que llora en soledad, el cimiento de su hogar. En otra canción, "Corazón loco", El Cigala le explica a su amigo cómo se pueden querer dos mujeres a la vez, tan tranquilamente, y no estar loco. Nosotras en cambio nunca cantamos historias en las que tengamos que elegir entre el jovencito lujurioso y el viejo que trae el dinero a casa.

Y es que nosotras no tenemos derecho a tener amantes, eso es cosa de hombres, nos dicen en las canciones. Así son ellos y así hay que quererlos, tan golfos y mentirosos como son. Da igual que seamos esposas o amantes, una buena mujer tiene que ser ingenua y creer en las promesas del amado. Y aguantar las mentiras, los celos y el dolor porque así es el amor verdadero en el universo femenino: muy doloroso y sacrificado.

También la cultura nos deja claro a todas que el que un hombre te mienta no significa que tú también puedas mentirle, ni engañarle con otro, ni hacer lo mismo que él te hace a ti: de una mujer de verdad se espera que sea fiel, leal, sincera, sumisa y buena gente. Cuanto más sufrida, más prestigio social tiene: esta es la filosofía con la que fue educada, por ejemplo, la reina Sofía de España, que nunca entendió por qué Lady Di no asumía los cuernos de Charles con la misma elegancia y dignidad que ella.

Esto es lo que hemos heredado de la cultura patriarcal y reproducimos hoy en día, en pleno siglo XXI, en todos los ámbitos. No solo en la monogamia, también en las relaciones abiertas y/o poliamorosas: los hombres siguen obsesionados con la acumulación de conquistas y la creación de su propio harén. El harén es la prueba de su virilidad y de su poder: cuantas más mujeres cazan y enamoran, más machos se sienten y más admirados son por los demás machos y las demás mujeres. Los hombres promiscuos son muy atractivos a ojos del resto, por eso, para no perder su estatus, tienen que ingeniárselas para enamorar a muchas mujeres a la vez.

La técnica para seducir mujeres es muy sencilla: la milonga tiene que hablar de futuro siempre. Hablar de matrimonio, de casa compartida, de hijos e hijas: no hay nada que ponga más "cachondas" a las mujeres necesitadas de amor. Si logran hacerles creer que son especiales y únicas, que para ellos no hay otras, que se han enamorado locamente de ellas, entonces caerán rendidas a sus pies. Cuando se aburren o son descubiertos, llega el drama, y con el drama los boleros, las coplas, las baladas pop llenas de lamentos, insultos, chantajes y amenazas. En muchas canciones la amada llora porque ha sido engañada y se siente culpable por haber sido una ingenua; también cree que dando pena va a conseguir que él vuelva.

Y es así como se relacionan muchas parejas en el mundo: ellas acceden a tener sexo a cambio de palabras bonitas y promesas de futuro, y ellos huyen en cuanto han logrado lo que deseaban. Porque esta es la clave principal de la construcción de la masculinidad tradicional: defender la libertad personal con uñas y dientes, y disfrutar de una vida sexual diversa.

Ellos lo tienen muy claro: si se casan con una, se convierten en cazadores cazados, y tendrán que renunciar a su libertad y compartir sus escasos recursos, porque ellas siempre, o casi siempre, quieren tener hijos. Y para ellos los hijos son un gasto y una obligación, especialmente para los padres ausentes que no saben cuidar ni construir vínculos bonitos con sus hijos e hijas.

En los países desarrollados, las mujeres reciben mayor educación sexual, tienen mejor acceso a los anticonceptivos, y pueden abortar. Pero en la mayor parte de los países de América Latina, por ejemplo, las telenovelas y las películas románticas nos seducen para que caigamos en la trampa del doble mito del amor romántico y de la maternidad romántica que nos hace creer que si tenemos un bebé del hombre al que amamos, saldremos de la pobreza y tendremos acceso a sus recursos, a su protección y a su amor para siempre.

La realidad es bien diferente: un porcentaje muy significativo de las familias están encabezadas por ellas, jefas de hogar que están solas y salen adelante con ayuda de sus madres y mujeres de su familia. A los hombres patriarcales latinos les viene muy bien que las mujeres sigan enganchadas al amor romántico y sean capaces de cualquier cosa con tal de tener pareja. Porque saben que bajo la necesidad económica y emocional, las mujeres perdonan todo. Por eso eligen a una para que sea la esposa oficial, pero no renuncian a tener otras parejas.

Y así funciona la dominación masculina: gracias al romanticismo: ellos no renuncian a nada, ellas renuncian a todo. Ellos ejercen su libertad, ellas tratan de impedirlo. Cada cual con sus armas y estrategias: en el terreno de la batalla amorosa vale todo. Y casi siempre ellos son los que ganan, pues tienen el poder económico, político y social: ellos son los que mandan, ellos son los que se mueven en el ámbito público, ellos son los que llegan tarde de una reunión de trabajo, ellas las que esperan llorando amargamente. Ellos hacen lo que quieren y la sociedad no les penaliza por ello: ellas se ven atadas a casa, a los hijos y a los mandatos de género que interiorizaron a través de las historias románticas.

Además, todos los hombres infieles piensan que tienen derecho a disfrutar de varias mujeres, pero jamás les reconocen a ellas el mismo derecho, y en esto consiste la doble moral. Ellos pueden gozar de una vida sexual diversa, pero las mujeres no tienen derecho de ninguna manera por la sencilla razón de que un hombre cornudo es el hazmerreír de su comunidad.

Y este es el mayor terror de la masculinidad patriarcal: ser objeto de burla y que los demás se atrevan a cuestionar su virilidad. Y en eso se les van las energías a los machos conservadores y reaccionarios: la defensa y la praxis de su libertad, y la coacción por todos los medios de la libertad de las mujeres con las que se relacionan.

En los ámbitos poliamorosos de nuestros mundos posmodernos, el macho es feliz porque ya no tiene que mentir, ni tiene que escapar, ni tiene que sentirse mala persona, ni tiene que lidiar con sentimientos de culpa. Puede hacer lo mismo que hacía antes, solo que a cara descubierta.

En teoría, para disfrutar de la poliamoría los hombres tienen que aprender a respetar la libertad de sus compañeras, y a cuidar a todas las mujeres con las que se relacionan sexual y sentimentalmente. Pero en la práctica, a algunos les cuesta muchísimo porque siguen necesitando acumular conquistas, y siguen anhelando tener a varias mujeres sufriendo por ellos a cambio de unas migajas de amor.

Para muchos hombres todavía resulta muy difícil ser coherente. Les cuesta ser consecuentes con lo que dicen, sienten, piensan y hacen, porque son muchos siglos los que llevan actuando como les da la gana. Siguen exigiendo a sus compañeras que sean sinceras y fieles, pero ellos no pueden serlo porque continúan viviendo esta enorme contradicción: ser a la vez buena persona y macho alfa.

Y en este sentido, creo que la honestidad es uno de los valores principales de las relaciones amorosas y afectivas. Pienso que solo desde la honestidad es posible construir relaciones basadas en la confianza, la sinceridad, la complicidad y el compañerismo.

La honestidad es una de las claves para acabar con la desigualdad de género, las luchas de poder y las violencias que habitan tanto las relaciones hetero como las demás relaciones. La honestidad nos permite dejar de considerar al otro o a la otra tu enemiga: cuando confías en la integridad de la otra persona, es mucho más fácil ser íntegro.

Y solo así, creo, podremos aprender a querernos bien y a disfrutar del amor compañero.

CAPÍTULO 15

LOS HOMBRES Y EL ESPACIO PÚBLICO

En las redes sociales se multiplican las fotos de hombres espatarrados en su asiento del metro o del autobús, invadiendo el espacio de los demás, obligándoles a achicarse para que ellos puedan estar cómodos. No es solo falta de empatía: es también una manera de evidenciar quién manda, quién tiene los huevos más grandes, quién se tiene que callar cuando ellos hacen sus demostraciones de virilidad.

El uso que hacen los hombres del espacio público es diferente al que hacen las mujeres. Las mujeres tienen que soportar todos los días acoso sexual callejero, en todas las ciudades y pueblos del mundo. No importa si llevan burka, pañuelo o minifalda. Da igual si van solas o con sus bebés: todas las mujeres aguantan comentarios de desconocidos sobre su aspecto físico, sufren roces y tocamientos en el transporte público, les hacen fotos que se publican en redes sociales para reírse de ellas, tienen que soportar miradas cargadas de odio y deseo, reciben palizas cuando contestan a sus acosadores.

Los hombres que acosan no quieren ligar, solo quieren amedrentar a las mujeres para recordarles que las calles son suyas, y que ellos mandan en el espacio público. Cuando salen de sus hogares, las mujeres tienen que asumir todo el desprecio que reciben en la calle en forma de piropos, silbidos, gritos y comentarios obscenos, sin enfadarse ni rechistar.

Algunos hombres se sienten poderosos cuando apremiamos el paso o echamos a correr. Se sienten como dioses cuando apartamos nuestra mirada de la suya y agachamos la cabeza. Disfrutan metiéndonos miedo y cabreándonos, aunque también los hay que todavía piensa que nos encanta recibir piropos de desconocidos cuando vamos solas por la calle.

Los hombres no nos acosan delante de nuestras parejas o padres: nos respetan como propiedad privada de otro hombre. Y lo hacen porque todos ellos están obligados a defender sus propiedades, aunque sean también acosadores en las calles. Muchos hombres mueren aún por defender su honor y por defender a sus esposas: es uno de los mandatos patriarcales más importantes. No permitir que le falten el respeto a tu esposa es fundamental, porque te faltan el respeto a ti.

Eso sí, tú puedes faltarle el respeto a cuantas mujeres quieras, siempre que vayan sin un hombre al lado.

Respecto al uso del espacio público: en el patio del colegio, los niños varones ocupan todo el terreno de juego con su campo de fútbol, y relegan a las niñas a un metro cuadrado para que jueguen a sus cosas. No les dejan participar en sus partidos porque piensan que las niñas les estropean el juego y les bajan el nivel, aunque también tienen miedo a que metan más goles que ellos. Así que ya desde pequeños, los niños aprenden a invadir territorios y a excluir a los que no son como ellos. Y la institución educativa lo permite, porque esta invasión masculina del espacio público está normalizada.

En los congresos académicos, la mayor parte de los expertos son hombres rodeados de azafatas. Ellas, sexys y en tacones, ellos alimentando su ego y mostrando sus conocimientos, hallazgos y trabajos. Ellas sirviendo cafés, ellos hablando de las utopías sociales para acabar con la explotación de la clase obrera. Ellas ofreciendo su belleza a la mirada masculina, ellos encantados de tener cerca a tantas señoritas guapas.

Lo mismo sucede en las fiestas y reuniones con la familia y los amigos: ellos ocupan los puestos más importantes de la mesa, y acaparan la conversación. Son siempre el centro de atención, por eso las mujeres nos refugiamos en la cocina para poder hablar de nuestras cosas y para desentendernos de los discursos repetidos y machacones de siempre.

Cuando hablamos en público, nosotras hablamos siempre en un volumen más bajo, pedimos perdón por hablar, nos damos prisa en terminar para no acaparar la atención y el tiempo, nos expresamos con más inseguridad, no damos importancia a nuestras ideas y nos cuesta defenderlas con contundencia porque está mal visto que seamos protagonistas y tengamos el foco encima.

Nuestro sitio ha sido siempre el del público que mira y aplaude a los hombres en el escenario, y les admira por sus ideas, sus palabras, sus poemas, sus dotes cómicas, sus canciones, sus libros, sus proyectos de investigación o sus películas. Ellos pasan más tiempo en los escenarios que nosotras, también en los medios de comunicación, en las películas y en los videojuegos siempre son los protagonistas absolutos.

Con las gafas violetas, las feministas vamos analizando la manera en que los hombres y las mujeres nos movemos en el espacio social. Si analizamos las muertes por atropello en las carreteras, nos encontramos con que la mayor parte de las víctimas son mujeres y niñas, que son la población que más camina en los países del tercer mundo para ir a la escuela, comprar alimentos, conseguir leña o visitar a familiares.

Si hay un coche en la familia, lo conduce siempre o casi siempre el hombre. Los que atropellan entonces son hombres en su mayoría. Los que deciden asfaltar un camino para dárselo a los coches son los políticos, y son hombres. Los que deciden no hacer un camino para las mujeres que caminan, son hombres. Los que deciden que no van a poner semáforos, ni pasos de cebra, ni puentes, ni medidas de seguridad para las mujeres y niñas que caminan, son hombres. Los ingenieros que diseñan, construyen, amplían o mejoran las carreteras, son hombres.

Visto este panorama, podríamos dejar de llamar "accidentes" a esta violencia sistemática y diaria que sufren las mujeres y las niñas en todo el mundo en las carreteras para ir a estudiar, a trabajar o a visitar a sus familias. Hay muchos hombres implicados en estas muertes, y todos ellos son responsables de esta masacre que mata a miles de personas y de animales cada año.

Sin embargo, en los medios siguen amenazándonos para que tengamos cuidado y no nos atropellen: como siempre, somos nosotras las culpables de la violencia que sufrimos en las calles, en las carreteras, en nuestros centros de trabajo, en los bares y en las fiestas.

Como el mundo es de los hombres, nosotras tenemos que andar con mucho cuidado. Podemos salir a bailar con la pareja, pero solas o con amigas podemos sufrir acoso de hombres que no entienden que: "No es no". Podemos sufrir acoso yendo al baño, bailando en la pista, pidiendo en la barra, a la entrada y a la salida de una discoteca o un bar. Podemos sufrir acoso cuando volvemos a casa de noche y nos separamos de las amigas. Por eso nos mandamos mensajes las unas a las otras para cuidarnos en el camino y para informar de que hemos llegado bien.

Las mujeres debemos tener cuidado para que no nos metan droga en la bebida, para que no nos violen en grupo chavales que "solo quieren divertirse" e imitar sus películas porno favoritas. Cuidado con cómo vistes, cómo andas, cómo hablas y con quién bailas: los mensajes que nos mandan es que nosotras tenemos que estar alerta todo el tiempo, mientras los machos andan relajados y se sienten libres para moverse por el espacio público.

También en la mayor parte de las instituciones y empresas los hombres dominan: en general, en todo el mundo hay más hombres directivos que mujeres, hay más rectores, decanos, presidentes, alcaldes, gerentes hombres que mujeres. En las universidades, en los hospitales, en los parlamentos, en los ministerios, en los partidos políticos y los sindicatos, en los movimientos sociales: nosotras siempre solemos ocupar las posiciones inferiores, los puestos más bajos, y recibimos menos salario que los hombres, aunque tengamos idénticas tareas.

Incluso en los movimientos sociales, las mujeres nos dedicamos a la logística (cocinar, limpiar, cuidar…), y los hombres son los que ocupan los puestos de responsabilidad, los que salen en los medios de comunicación y los que llevan la pancarta.

En los medios, las mujeres aparecemos como objetos sexuales o como víctimas. Salimos llorando en todas las películas y series de televisión: se nos victimiza una y otra vez. O se nos ensalza como objetos de deseo: todas las mujeres que no alcanzan los cánones de belleza patriarcal son excluidas. Las viejas, las gordas, las raras, las feas, las lesbianas, las intelectuales, las negras, las extranjeras: todas las mujeres que no son como la Barbie quedan invisibilizadas. En la tele solo salen las guapas presentando telediarios o concursos, cantando, bailando, haciendo de azafatas, amenizando el plató o posando para vender productos del hogar y la belleza. También nos han borrado de los libros de texto. En la escuela no se habla de lo que han hecho las mujeres, de la lucha feminista, de sus logros científicos, artísticos, culturales, políticos o económicos. Y si aparece alguna, es porque guerrea a lo patriarcal, como Cleopatra o Isabel la Católica: mujeres violentas que ejercieron su poder al estilo masculino patriarcal.

Los que reciben homenajes, premios y reconocimientos son casi siempre los hombres: deportistas, artistas, científicos, políticos... Los que tienen voz y voto son los hombres; a las mujeres se nos escucha durante menos tiempo y con menos atención: nuestra palabra es menos creíble, y se nos interrumpe constantemente. A muchos hombres les gusta practicar el *mainsplainning*: explicarnos las cosas suponiendo *a priori* que nuestra "pequeña mente" no logra entender ni abarcar la complejidad del mundo en el que vivimos.

Incluso, los hombres son capaces de aclarar lo que nosotras decimos, apropiándose del discurso como si fuera suyo. O explicarnos el libro que hemos escrito sin saber que somos las autoras. O intentan explicar la violencia machista sin haber leído absolutamente nada sobre el patriarcado o la lucha feminista. No les importa hacer el ridículo: les encanta escucharse a sí mismos aunque aburran más que las piedras.

Los hombres son más agresivos en los debates y por eso acaparan más tiempo que nosotras: si no pueden imponerse con la palabra, se imponen con el cuerpo. Y siempre gozan del privilegio de tener la última palabra.

CAPÍTULO 16

LOS HOMBRES Y LOS DERECHOS HUMANOS

Existe un problema en cuanto a los derechos humanos: están pensados desde la lógica masculina. Cuando elaboraron la *Declaración Universal de los Derechos Fundamentales del Hombre*, pensaban justo en eso, en los derechos de los hombres.

Cuando las feministas se lanzan a reivindicar sus derechos sexuales y reproductivos como derechos humanos fundamentales, todo el sistema se tambalea, pues está construido bajo la explotación doméstica, sexual y reproductiva de las mujeres. Y a muchos hombres no les interesa la revolución feminista, ni los derechos de las mujeres, ni su libertad, por razones obvias.

Millones de hombres se han rebelado contra el fascismo, el absolutismo monárquico, las dictaduras y la explotación del capitalismo, y la mayoría han sido incapaces de hacer autocrítica y ponerse a analizar su situación de privilegio con respecto a sus compañeras. A nosotras no solo nos explota el patrón: luego nos explota el marido en casa, que se comporta exactamente igual que sus jefes en el trabajo. Ellos obedecen en las fábricas, en las oficinas, en todos los trabajos que desempeñan, y esperan ser obedecidos en su casa. Se someten y se rebelan contra la explotación, pero solo contra la explotación de los hombres.

Cuando las mujeres hemos hablado de las dos clases en las que nos dividimos hombres y mujeres, y del abuso y la explotación de los unos sobre las otras, los hombres nos explican que primero hay que acabar con la clase social, "y luego lo de las mujeres, ya veremos".

Casi todos los revolucionarios se olvidan de las mujeres en sus batallas por la libertad, la igualdad y la justicia social. Piensan en un mundo idílico en el que no hay ricos ni pobres, pero también sueñan con poder tener su propia asistente personal que trabaje gratis, tan solo por amor. No se imaginan a sí mismos renunciando a sus privilegios, porque están muy cómodos pensando que lo "natural" es que las mujeres se encarguen de todo y sostengan el capitalismo con el sudor de su frente. Los ricos también piensan lo mismo de los hombres pobres: creen que lo "natural" es que se maten a trabajar para ellos.

Cuando hablamos de la libertad y de los derechos de las mujeres, a los hombres no les salen las cuentas. Porque sienten amenazada su propia libertad y su bienestar, pero sobre todo, ven peligrar su condición de clase privilegiada y explotadora. Si las mujeres llegásemos a ser iguales que los hombres, entonces, ¿quién les cocinaría, quien criaría a los niños?, ¿quién se encargaría de todo si las mujeres inundan el espacio público, se convierten en seres autónomos y dejan de depender económica y emocionalmente de ellos?, ¿quién les cuidará, quién servirá los cafés de las reuniones y estará siempre disponible para las necesidades sexuales de los obreros y de sus líderes?

Los hombres que no tienen las gafas violetas hablan mucho de capitalismo, y hacen como que no existe el patriarcado. Por eso todos sus análisis sobre la realidad social, política y económica están incompletos. Si no introducen la perspectiva de género, no logran abarcar la complejidad de nuestras relaciones, nuestra forma de producir y reproducirnos: solo ven una parte. A algunos intelectuales se les nota mucho, además, que ignoran deliberadamente el patriarcado porque creen que negándolo puede seguir existiendo durante muchos siglos más. Sociólogos, antropólogos, politólogos, economistas: todos cojean y muestran su ignorancia cuando intentan ocultar la estructura patriarcal que les otorga el poder, los recursos y los privilegios, sin importar la clase a la que pertenezcan.

Que una mujer sea dueña de su cuerpo, que pueda elegir su maternidad libremente, que elija libremente a sus compañeros sexuales y sentimentales, que se vaya cuando quiera de una relación en la que no es feliz... no interesa. Tampoco interesa que las mujeres estudien, aunque saquen mejores notas, y sean mayoría en la universidad, ni que tengan independencia económica, ni mucho menos que ganen más que los hombres. No les viene nada bien que las mujeres estén dejando de sufrir por ellos, que prefieran estar solas a estar mal acompañadas, ni que prefieran tener sexo y amor entre ellas.

Los hombres no solo se benefician de nuestro trabajo gratis, sino también de nuestro amor, nuestro afecto y nuestros cuidados. No solo quieren que trabajemos para ellos, sumisas, sino que además seamos complacientes: ellos sueñan con la mujer que se ocupe de ellos con alegría, amor, entrega total, pasión y devoción. Lo necesitan para sentirse importantes: quieren ser admirados, envidiados, respetados y queridos por sus compañeras. Temen reconocer su libertad y sus derechos por si vuelan lejos y hacen su vida sin depender de ellos: quedarse sin la admiración y el amor incondicional de una mujer sufridora es el gran drama del macho poderoso.

A los hombres, en general, les cuesta vernos como sujetos de pleno derecho, porque muchos nos tratan como objetos de su propiedad. Nos piden lealtad y obediencia como a los perros, nos piden paciencia y aguante, nos piden que seamos generosas y nos olvidemos de nosotras mismas, de nuestros deseos y necesidades. Nos ven como seres que viven por y para ellos.

Está tan normalizado nuestro rol de servidoras, que a muchos hombres no les da vergüenza estar hablando en una mesa de cómo cambiar el mundo mientras ellas sirven los alimentos. Son esos hombres que nunca se levantan y si lo hacen es para "ayudar", no para responsabilizarse de la logística. Lo mismo con las tareas domésticas: salen a manifestarse contra la esclavitud y la explotación laboral, pero no les conmueve lo más mínimo la explotación de la mitad de la población mundial. Asumen que las mujeres hemos nacido para que su vida sea más bonita, más fácil y más placentera.

La mayor parte de los políticos de derecha y extrema derecha están obsesionados con los derechos humanos de las mujeres, y en sus programas incluyen siempre medidas para controlar nuestra sexualidad y nuestra maternidad, para limitar nuestra libertad, para determinar nuestras vidas en función de sus deseos y necesidades. Se oponen al aborto, a las medidas de protección para las víctimas de la violencia machista, a las leyes que castigan a maltratadores y asesinos, a la educación sexual y al uso de anticonceptivos. Pero sí están a favor de la prostitución y del alquiler de mujeres para la compraventa de bebés, pues son un gran negocio.

Detrás de estas leyes que atentan contra nuestros derechos, hay una poderosa industria que presiona a los políticos: las clínicas que practican abortos y no quieren que se legalicen, las agencias de venta de bebés, las redes de proxenetas que explotan mujeres, los traficantes de inmigrantes... Todos ganan si se eliminan nuestros derechos: son los negocios con más éxito del plantea, junto con las drogas y las armas.

Los hombres de izquierdas también atentan contra nuestros derechos, por ejemplo, cuando nos lanzan comentarios obscenos por la calle, cuando violan a sus propias compañeras y esposas, cuando las tratan mal en la casa, cuando pagan una miseria a una empleada doméstica, cuando acosan a una camarera de un bar creyendo que están ligando con ella, cuando van al burdel a pagar a otros hombres para alquilar a una o varias mujeres.

Los hombres se aprovechan de la necesidad económica y emocional de las mujeres, de su capacidad para dar amor y para cuidar, y de su ingenuidad. Pero como esta relación de explotación se disfraza de amor romántico, todos duermen con la conciencia tranquila, pensando que somos felices así, que nosotras no necesitamos tiempo libre, ni descanso, y que asumimos con gusto todos los roles que nos impone el patriarcado sin apenas pedir nada a cambio.

Ahora hay hombres que protestan porque ya no son libres para acosar a mujeres, gracias a que las leyes están cambiando para protegernos de la violencia machista. Ellos quieren ligar como siempre, a lo bruto, sin importarles en absoluto si nosotras queremos o no. Y ahora que podemos elegir y decir que no, los hombres se ofenden porque ya no pueden hacer lo que siempre hacen: insistir y acosar para tener acceso a nuestros cuerpos y a nuestros agujeros.

Los hombres también tienen problemas con respecto a los derechos de los niños y de las niñas. Los jueces, por ejemplo, no entienden lo importante que es protegerlos de los maltratadores, y el trauma que supone para miles de niños tener que visitar o vivir con el asesino de su madre. Ellos son los más vulnerables cuando en un hogar hay violencia machista, pero nadie habla de su derecho fundamental a vivir una vida libre de violencia, y son pocos los países que están cambiando las leyes para evitar que un hombre violento pueda maltratarlos también a ellos.

Los privilegios masculinos atentan contra los derechos humanos fundamentales de las mujeres, por eso es tan importante que entiendan que su problema personal es político y que no pueden seguir defendiendo solo los derechos de los "hombres", porque las mujeres también somos personas.

CAPÍTULO 17

LOS HOMBRES HACEN LO QUE LES DA LA GANA

> La identidad masculina se basa en un mito fundacional: el de que un hombre debe hacer lo que le dé la real gana, haciendo de su capa un sayo y cumpliendo su santa voluntad. Pero da la casualidad que lo que a un hombre le da la gana es o no hacer nada, o no hacer nada bueno, y entregarse a todos los caprichos pasajeros que se le ocurran. [...] Un hombre debe ser alguien indómito e indomable que no acepta ser dominado por nadie, ni siquiera por sus amigos, su mujer o sus padres, y que solo debe hacer su propia voluntad, por irresponsable, arbitraria o irracional que resulte. [...] Cada varoncito aprende de su mamá a quererlo todo y ahora. Y ese delirio de omnipotencia no se puede dar nunca por satisfecho.
>
> ENRIQUE GIL CALVO

En todas las casas de las abuelas encontramos fotos nuestras y de nuestros primos haciendo la comunión y posando con caras de angelitos que no han roto un plato en su vida. A veces estamos en posición de sumisión, arrodillados, con la cabeza agachada y las manos juntas, con la mirada dulce como un pastel de fresa con nata. Yo no me creía ninguna foto de mi familia y sentía que todos mis primos habían hecho la comunión obligados. Ves esas fotos de niños vestidos de marinerito y comprendes que para pasar el trago hicieron como que se sometían a las normas de la Iglesia, pero no las interiorizaron nunca.

Lo mismo que las normas de los padres o del colegio: los niños intentan siempre desobedecer, explorar los límites, y les encanta todo lo que está prohibido. Esto nos pasa también a las niñas, porque la rebeldía es una cualidad humana que anida en el interior de todos nosotros y nosotras, y florece ante las injusticias, las normas absurdas y la disciplina violenta.

Sin embargo, a nosotras nos educan para que seamos sumisas y apaguemos la llama de la rebeldía a base de amenazas y recordatorios constantes de nuestra inferioridad. A los niños, en cambio, se les educa para que aprendan a moverse en un mundo en el que los hombres hacen las leyes, y las transgreden.

La mayor parte de los hombres no interiorizan las normas: las cumplen para no ser castigados y para adaptarse al medio, pero siempre que pueden desobedecen. Así es como piensan los políticos corruptos: puedes robar lo que quieras, como todos, pero sin que te pillen.

Los niños varones pronto se acostumbran a poner cara de buenos delante de mamá, y en cuanto mamá se da la vuelta, buscan la manera de hacer lo que quieren sin que les descubran.

Los hombres adultos juran un cargo de ministro, de alcalde, de diputado, en un acto solemne delante de las máximas autoridades, y se comprometen a no robar y a cumplir con su trabajo. Pero en cuanto se van los focos de la prensa, y se asientan en el poder, empiezan a saltarse las normas y a delinquir: tráfico de influencias, evasión fiscal, blanqueo de dinero, malversación de fondos, etc. Las mujeres en política también son corruptas, pero en mucha menor medida que los hombres, principalmente porque ocupan menos puestos de poder en casi todo el mundo.

Gil Calvo hablaba en su libro *El nuevo sexo débil: los dilemas del varón posmoderno* (1977) de cómo los niños son educados como reyes de una monarquía absoluta, y desarrollan una personalidad basada en seguir sus deseos y hacer trampa para conseguir sus fines. "No importan los medios", les susurra seductor el patriarcado, lo que importa es lograr lo que deseas.

Los hombres patriarcales se aprovechan de las normas que les benefician, y se saltan las que no les interesan: ellos hacen las leyes, y también hacen las trampas. Cuando son empresarios o banqueros, visten elegantes y aparentan ser honrados, pero en realidad están viendo todo el tiempo cómo acumular recursos a costa de los demás. Los negocios más lucrativos del mundo son ilegales y espantosos: tráfico de seres humanos, de esclavas sexuales, de bebés y de órganos, de drogas y de armas. Que esté prohibido no significa que no puedan hacerlo: lo hacen igualmente porque tienen sus conexiones con el poder político, mediático, religioso y financiero que actúa en la legalidad. Es toda una red de hombres insaciables de poder que acumulan dinero y recursos sin control. Solo caen cuando son traicionados por tipos como ellos.

Ocurre lo mismo en los ejércitos y en los cuerpos represivos del Estado: acatan las normas y su posición dentro de la jerarquía, obedecen y se someten a sus superiores, pero cuando suben en la jerarquía, disfrutan siendo obedecidos.

Los hombres juran fidelidad a sus esposas frente al altar mientras las señoras se secan las lágrimas de la emoción, pero casi todos están haciendo teatro. Saben perfectamente a quién va dirigido todo el discurso de la fidelidad y la monogamia: a ellas. Ellos tienen que aparentar respeto a los pactos de convivencia, para luego hacer lo que les de la gana. Es decir, muchos viven con una doble vida y cumplen a la perfección con su papel de esposo y padre ejemplar, y con su posición social como hombre respetable dentro de una empresa o una institución. Pero luego actúan como chiquillos traviesos: se escapan cuando pueden, delinquen como pueden, se echan amantes, van a los burdeles, y no se sienten en absoluto en una contradicción interna entre la máscara social que sostienen y su verdadera forma de ser. Sostener esa máscara es una cuestión de supervivencia: cuanto más respetables parecen, más vía libre tienen para hacer lo que les dé la gana. Las mujeres también mentimos y tenemos amantes, pero, en general, lo tenemos más complicado: primero porque tenemos menos tiempo libre, luego porque asumimos toda la carga de trabajo doméstico y de cuidados, y también porque hemos sido educadas en la monogamia y en la culpa. Así nos cuesta más comportarnos como seres omnipotentes que hacen lo que les da la gana. El castigo que se aplica sobre nosotras es mucho más violento que el que sufren los hombres deshonestos e infieles.

La mayor parte de los hombres no son honestos con sus parejas porque para poder vivir la vida que quieren sin renunciar a nada tienen que mentir, engañar, saltarse la ley y traicionar los pactos a los que llegan con ellas. Firman contratos, ponen cara de buenos para la foto en la iglesia, pero en realidad disfrutan de una radical libertad y son profundamente rebeldes.

Esta rebeldía la sienten también muchos hombres de izquierdas emparejados con mujeres feministas. De cara a la galería, parecen concienciados sobre el tema de la igualdad y de las relaciones de compañerismo con las mujeres, pero luego se van de putas, se echan amantes y mienten igual que los machos de derechas.

La masculinidad hegemónica en realidad está basada en esta rebeldía a las normas que ellos mismos aprueban para que las cumplan los demás, esas ganas imperiosas de conseguir lo que desean, de sentirse libres, de vivir las experiencias que necesitan, de aumentar su poder y sentirse como dioses.

Algunos saben que no es justo dar rienda suelta a su placer y limitar el de su compañera, pero igualmente lo hacen porque son hombres, se sienten con derecho a satisfacer sus necesidades y deseos. La represión es para las mujeres, que son educadas para que interioricen las normas, cumplan con su palabra y respeten los contratos. Y es que las mujeres nos jugamos mucho si somos infieles. Por ejemplo: en algunos países nos jugamos la vida, ni más, ni menos. A las mujeres rebeldes que hacen lo que les da la gana se las castiga con mayor dureza que a los hombres, especialmente en los países más pobres, porque la libertad femenina resulta insoportable para un sistema económico que nos necesita para sostenerse.

Creo que uno de los temas más importantes a la hora de ponerse a trabajar la masculinidad patriarcal tiene que ver con el compromiso, la responsabilidad, la honestidad, la igualdad y los cuidados: cada uno tiene que analizar su máscara social, el impacto que tiene en los demás el uso de su libertad y las consecuencias que tiene para el resto la doble vida que llevan algunos hombres. Tiene mucho que ver con la ética, y para trabajar en ello hemos de hacernos unas cuantas preguntas: ¿a quién le afecta que yo haga lo que me dé la gana?, ¿cómo lo logro, a costa de qué y de quién?, ¿cómo hago para no utilizar mis privilegios de hombre cuando hacen daño a los demás?, ¿cómo me comprometo conmigo mismo y con mi pareja, con mi paternidad, con mi papel de ciudadano, con mi rol masculino?

CAPÍTULO 18

LOS HOMBRES QUE HACEN SUFRIR POR AMOR

Los hombres que hacen sufrir a las mujeres generalmente son aquellos con problemas de masculinidad. Es decir, hombres de masculinidad frágil que se sienten inseguros y utilizan la violencia cuando tienen problemas, o cuando quieren algo: su forma de relacionarse con el mundo es violenta porque no tienen otras herramientas para relacionarse, para comunicarse, para resolver conflictos, para construir un vínculo amoroso con una mujer.

En este capítulo solo vamos a hablar de la violencia emocional, mental y psicológica, y dejaremos para el siguiente la violencia física.

Vivimos en un mundo en el que hemos normalizado los malos tratos de tal manera que no somos capaces de distinguir la crueldad, y la reproducimos sin darnos cuenta. No nos han enseñado a tratarnos bien en la infancia ni en la adolescencia, no sabemos cómo controlar las emociones fuertes, no sabemos cómo manejar nuestros sentimientos para que no hagan daño a nadie. No nos han enseñado a querernos bien: todas nuestras relaciones son conflictivas, dolorosas, generan luchas de poder, y no sabemos lo esencial: cómo comunicarnos sin herir al otro, cómo expresar nuestras emociones sin estallarlas contra nadie, cómo discutir sin tratarnos mal, como romper una relación y despedirse con amor.

Estamos acostumbrados a insultarnos cuando nos enfadamos, y a herirnos cuando nos estamos separando. Así sucede en las películas: romper una relación es una auténtica batalla campal en la que fabricamos toneladas de odio. En caliente, nos lanzamos dardos envenenados en forma de reproches, comentarios despreciativos y humillantes, amenazas, maldiciones, chantajes emocionales, y, en general, nos hacemos daño, consciente e inconscientemente. Hay heridas en esas peleas que nunca llegan a cicatrizar y que van deteriorando el amor hasta que se acaba.

Las mujeres hemos desarrollado estrategias propias para ejercer nuestro poder, manipular, controlar, defendernos y atacar a nuestras parejas, obtener beneficios de la otra persona y ganar las batallas del amor romántico. La diferencia con los hombres es que ellos diseñan sus estrategias desde los privilegios que les otorga el patriarcado y que nosotras no matamos a los hombres cuando sufrimos por amor.

El primer beneficio que obtienen los hombres en sus relaciones es que muchas mujeres están desesperadas en su necesidad de ser amadas, y eso da lugar a sumisión y complacencia. Nos han hecho creer que un hombre nos amará si nos colocamos por debajo de él, y que para amar hay que sufrir, sacrificarse, renunciar y pasarlo mal. Este es uno de los motivos por los que aguantamos malos tratos, y relaciones de dominación y sumisión: creemos que la recompensa es el amor total, y que cuanto más aguantemos, más grande será el premio, y más bonito será el amor.

Son muchas las maneras en las que los hombres hacen sufrir a sus compañeras sexuales y sentimentales para

dominarlas. Muchas de estas prácticas están tan normalizadas que se consideran una prueba de amor:

- Controlan su vestimenta, accesorios y calzado: eligen lo que pueden y lo que no pueden ponerse sus
compañeras.
- Para controlar su correo y redes sociales, y estar
informados en todo momento de los movimientos
de su pareja, primero la hacen creer que no son de
fiar, y viven sospechando de ellas constantemente.
- Machacan su autoestima para que sean mujeres
inseguras y dependientes emocionalmente de ellos.
- Se enfadan si su pareja dedica tiempo a sus amista-
des y a sus familiares, y no toleran la presencia de
exnovios que se convirtieron en amigos.
- Desaparecen cuando quieren y reaparecen cuando
les apetece, y muchos sin dar explicaciones, sabiendo que les van a recibir con los brazos abiertos.
- Exigen a su pareja que cedan y hagan cosas que no
les apetece con chantajes emocionales.
- Le restan importancia a los logros personales o pro-
fesionales de sus compañeras. Minusvaloran su
trabajo y sus capacidades para que se sientan inseguras.
- Organizan el tiempo libre de su pareja con actividades variadas sin consultarle.
- Le quitan importancia a los problemas de su pareja y
no muestran solidaridad ni empatía alguna con ella.
- Cambian de parecer muy a menudo: ahora quiero
una relación seria, ahora no, ahora me apetece abrir-
la, ahora la cerramos. Nunca se comprometen para
que la otra persona siempre sienta incertidumbre.
- O al revés: hacen a la otra persona el centro de su vida,
se entregan por completo, y exigen a su compañera

el mismo nivel de entrega, incluido el aislamiento social, familiar y afectivo.

- Juegan con el sentimiento de culpabilidad femenina y con el miedo al abandono que sufren muchas mujeres para conseguir lo que quieren de su pareja.
- Le dan mucha importancia a los errores que comete su compañera: son críticas por su bien, para que aprenda.
- Le dan consejos y recomendaciones para que sea como a él le gustaría que fuese.
- Se enfadan por todo, y así su pareja tiene más cuidado con lo que hace para evitar conflictos.
- Son muy celosos y quieren aislar a su pareja para ser el centro de su vida.
- Dejan de hablar a sus compañeras durante días cuando se enfadan, aunque sepan que están angustiadas.
- Se aprovechan económicamente de su pareja y no suelen mostrar agradecimiento.
- Ridiculizan a su pareja en público y a solas: disparan comentarios envenenados disfrazados de humor y buscan la complicidad de los demás para reírse de ellas.
- Son victimistas y a la vez autoritarios, encantadores y a la vez tienen mal genio, protectores pero agresivos: estos cambios de humor promueven la sumisión de su pareja.
- Les gusta que sus compañeras se sientan inferiores, inseguras, y que sufran por amor. Cuanto más sufren, más importantes se sienten ellos.
- Rompen los pactos cuando quieren, rompen la pareja cuando la otra persona no se somete, vuelven cuando les apetece o cuando no hay más mujeres disponibles.

- Mienten y juegan con los sentimientos de sus compañeras para tenerlas sumidas en la incertidumbre y en el dolor, y su ego es insaciable.

Los hombres que hacen sufrir a las mujeres se aprovechan del mito romántico para controlar a sus parejas, para dominarlas, para imponer sus normas, para generar dependencia emocional. Y por eso es tan importante no solo que las mujeres huyamos de ellos en cuanto detectemos su machismo y su afán de dominación, también es necesario que los hombres empiecen a cuestionarse cómo aprendieron a relacionarse con las mujeres, cómo reproducen los esquemas del patriarcado en sus relaciones, cómo les influyen los mitos de la masculinidad, cómo se aprovechan de su posición.

Este trabajo de análisis tiene que tener su parte práctica: hay que analizar cómo podrían los hombres aprender a relacionarse sin jerarquías ni luchas de poder con las mujeres. Hombres y mujeres hemos de empezar a querernos bien y a tratarnos mejor, sin necesidad de dominarnos o someternos, evitando la crueldad, trabajando el ego y la autoestima, aprendiendo a cuidarnos y a cuidar a nuestras parejas, y reinventando el amor para poder sufrir menos y disfrutar más.

CAPÍTULO 19

LOS HOMBRES Y LA VIOLENCIA MACHISTA

Los hombres que maltratan, violan y asesinan a sus novias, exnovias o esposas tienen varias particularidades comunes, aunque tengan edades muy diferentes, pertenezcan a diferentes clases sociales y religiones, y vivan en puntos muy distantes del planeta:

- No están locos ni son enfermos: matan porque son machistas y violentos.
- Creen que les mueve el amor, pero en realidad les mueve el odio. Confunden ambos términos porque son sentimientos muy fuertes, pero en realidad no tienen capacidad para amar, para querer ni para cuidar a nadie.
- Castigan a las mujeres porque no saben aceptar las derrotas, ni entienden que las historias de amor empiezan y acaban. Son incapaces de aceptar con humildad que cualquier ser humano, incluidas las mujeres, por supuesto, es libre para quedarse o para irse.
- Son hombres profundamente fieles al patriarcado, y no toleran la insumisión ni la rebeldía femenina respecto a su papel tradicional. Son soldados del

patriarcado, lo interiorizan, lo defienden, lo imponen y lo asumen sin cuestionarlo.

- La mayoría no trata a las mujeres como compañeras, sino como enemigas, y no disfrutan de las relaciones porque creen que el amor es una guerra.
- Su masculinidad frágil está en su punto de vulnerabilidad más alto. Cuanto más inseguros se sienten, más violentos son.
- Destrozan la autoestima de sus víctimas para hacerlas más vulnerables y dependientes. Con frecuencia recurren a la culpa para que aguanten más tiempo los malos tratos.
- Aman y defienden su libertad, mientras reprimen la de sus compañeras. La mayoría tiene muy claro que la monogamia es para ellas, no para ellos.
- No saben identificar, expresar y gestionar sus emociones. Son incapaces de transmitir sus sentimientos.
- No saben vivir su dolor sin hacer daño a los demás.
- Sufren un enorme complejo de inferioridad y de superioridad con respecto a sus compañeras: se sienten dependientes de ellas y, a la vez, superiores.
- Su ego necesita ser el más importante, se siente profundamente herido cuando no son los protagonistas absolutos. Sufren cuando no resultan el centro de la atención de la otra persona, cuando les desobedecen, cuando les traicionan, o cuando les dejan de querer.
- Creen que son dueños de su pareja y que, por lo tanto, pueden controlarla y disponer libremente de su vida.
- Tienen mucho miedo al "qué dirán": el maltratador no quiere parecer un fracasado, teme que su masculinidad y honor queden cuestionados tras la ruptura de la pareja. Le espantan las burlas de los demás

hombres si sus mujeres no les obedecen, les son infieles o les abandonan.

- Les asustan el futuro y los cambios, por eso no admiten separaciones ni divorcios: quieren que todo siga igual que siempre, que se mantengan sus privilegios y su posición de dominación en la pareja.
- Están muertos de miedo. Les preocupa quedarse solos, que nadie les quiera y les cuide. Y cuanto más miedo tienen, más rabia sienten ante todo aquello que no pueden controlar, protagonizar o liderar.
- Instauran un régimen de terror en sus casas para que el miedo de ella sea más grande que el suyo propio. Amenazan, chantajean, dramatizan y quieren ser el centro de atención de su víctima, aunque sea haciéndole la vida imposible.
- Les humilla la libertad de las mujeres para dejar una relación cuando quieran.
- Se sienten impotentes: no pueden modificar la realidad a su antojo ni pueden comprar amor. No pueden tampoco obligar a ninguna mujer a que les ame. Les resulta imposible ejercer el control sobre los sentimientos de los demás porque el amor es radical y hermosamente libre. Sufren frustración al ser incapaces de retener a una mujer a su lado.
- Se sienten atacados y rabiosos por la revolución feminista que nos está cambiando la vida a millones de personas. No comprenden los cambios sociales, y se sienten perjudicados: cuantos más derechos tienen las mujeres, menos privilegios tienen ellos. Creen que salen perdiendo con la igualdad, y algunos odian profundamente a las mujeres, en general, y a las feministas, en particular.
- Les provoca frustración que su princesa no sea tan sumisa, ni tan sacrificada, ni tan entregada como

les prometieron en las películas. Las mujeres buenas no abundan: para los maltratadores y asesinos, las mujeres somos todas malas, mentirosas, manipuladoras, mezquinas, dominantes, crueles y perversas. De ahí la desconfianza que sienten hacia nosotras, pues creen que si se enamoran van a perder su libertad y su poder. Cuando se enamoran, sin embargo, se decepcionan cuando descubren que su princesa es "como todas".

- Los hombres a los que admiran y sus héroes de ficción se divierten con la violencia; consiguen lo que quieren y resuelven sus problemas gracias a ella. No saben hacerlo de otro modo, así es como triunfan y tienen éxito: matando y sometiendo a los demás hombres, pero sobre todo a las mujeres.
- Tienen problemas para disfrutar de su sexualidad y de sus relaciones amorosas porque se sienten presionados para dar la talla en la cama. Su forma de entender y experimentar el placer es muy limitada: la mayoría se limita a descargar en pocos minutos para sentir que han cumplido con su rol de macho semental. Sienten poca empatía hacia sus compañeras sexuales, y se mantienen ajenos a sus necesidades, sus apetencias, sus gustos. Ni preguntan, ni escuchan, ni tienen ganas de aprender a dar placer a sus parejas. Se acomplejan cuando se juntan con una mujer empoderada que vive con plenitud su sexualidad y su erotismo.
- Están confusos y desorientados con respecto a su masculinidad y a sus roles, ignoran cómo gestionar la falta de control sobre sus emociones y las de su pareja, no saben cuál es su papel en un mundo que cambia a velocidad vertiginosa y se llena de mujeres empoderadas que ya no necesitan a un hombre para mantenerse, ni para tener hijos, ni para ser felices.

- Creen que tienen derecho a vengarse cuando les hacen daño y que pueden hacerlo con saña y crueldad, pues el amor es una guerra en la que todo vale.
- Cuando se vengan de una, se están vengando de todas. El odio hacia las mujeres se llama misoginia y se aprende a través de la familia, la escuela y los medios de comunicación. Muchos de ellos además son anti derechos humanos y antifeministas declarados, y están llenos de prejuicios machistas.
- Muchos han sido criados en hogares machistas y no conocen otros modelos de relación amorosa. Han naturalizado la violencia contra las mujeres porque la han visto y sufrido desde siempre.
- Algunos parecen buenas personas, y hasta pueden ser muy románticos. Pueden resultar profundamente autoritarias y a la vez muy vulnerables; sensibles y extremadamente crueles. Así consiguen ser perdonados una y otra vez: utilizan sus encantos, muestran a su niño desamparado para enternecer el corazón de su víctima.
- A muchos de ellos, la violencia machista les ha dejado heridas para toda la vida, pero no cuentan con las herramientas necesarias para romper con la cadena de violencia y los malos tratos que han heredado de su familia.
- No saben pedir ayuda, aunque la necesiten desesperadamente cuando sufren tsunamis emocionales que les inundan y les sobrepasan. Ni piden ayuda profesional, ni piden ayuda a sus seres queridos: no lloran, no se desahogan, no saben hablar de lo que les pasa, no ven que el problema está en ellos. Y cuando lo advierten, no modifican su conducta, pues creen que no tienen otro camino que morir

matando, autodestruyéndose y destruyendo a su compañera, a los hijos e hijas, a toda la familia.

Entender cómo se sienten y qué piensan los hombres que maltratan a sus compañeras, que ejercen sobre ellas violencia psicológica y física, y que pueden acabar asesinándolas, es fundamental para parar impedir los feminicidios. Estamos ante un problema político y social extremadamente grave, así que las soluciones no son individuales, sino colectivas.

Necesitamos acudir a la raíz del problema si queremos acabar con la violencia machista: lo que nos mata no es el amor, es el odio contra las mujeres. Hay que dejar de mitificar la violencia romántica y acabar con el romanticismo patriarcal; es urgente que los hombres se trabajen sus masculinidades y que entre todos liberemos al amor del machismo.

Es esencial poner el foco sobre la responsabilidad que tienen los varones en la violencia que se produce en todo el mundo, exigirles que aprendan a relacionarse de otra manera y a comunicarse de forma más efectiva para resolver los conflictos sin violencia. Ya no pueden posponer por más tiempo el trabajo personal para despatriarcalizarse y obtener sus propias herramientas con las que enfrentarse a la vida sin miedo y sin violencia.

Los varones no pueden seguir pasivos mientras nos matan. No pueden seguir neutrales, como si la cosa no fuera con ellos. Tienen que sumarse al cambio que se avecina: la igualdad y el feminismo llegaron para quedarse y el avance es imparable. Cada vez son más los grupos de hombres igualitarios y antipatriarcales que han empezado a trabajar individual y colectivamente, pero aún son una minoría, y cuentan con toda mi admiración.

A la velocidad con la que nosotras estamos cambiando, los hombres tienen que renovarse, cuestionarse, mirarse como individuos y como colectivo, trabajar para dejar a un lado la tradición de los privilegios machistas. Atrás quedó el sueño húmedo de poseer una criada-esposa que les atienda indefinida y abnegadamente.

Los chicos tienen que desmontar todo el patriarcado, como estamos haciendo nosotras desde hace décadas. Aprender a hacer autocrítica amorosa, a expresar sus emociones con asertividad, a comunicarse horizontalmente y tratar a las mujeres como iguales, a renunciar a sentirse superiores o inferiores a los demás, a deshacerse de la necesidad de ganar, conocerse mejor y trabajar para ser mejores personas... Las tareas que tienen los hombres por delante son muchas y muy ambiciosas, pero cuanto antes empecemos a destronar al macho alfa, antes acabaremos con las violaciones, los abusos, las agresiones y los asesinatos de los hombres machistas.

Solo podremos frenar esta matanza de mujeres y niños si logramos acabar con la desigualdad y el machismo, y con la exaltación poética de la violencia en las películas y en los relatos de ficción. Necesitamos replantear todas nuestras estructuras, acabar con la cultura que sublima la violencia y el poder masculino para crear otra más igualitaria y pacífica que promueva el bien común, el buen trato, la diversidad y el amor.

CAPÍTULO 20

LOS HOMBRES, NO TODOS LOS HOMBRES

Cuando hablamos de la violencia masculina, son muchos los hombres que se lanzan a relativizar el problema: "No todos los hombres violan y matan".

Y yo siempre pienso, menos mal, porque si fuesen todos iguales, se extinguiría la especie humana. Y cuando dicen: "A nosotros también nos matan", siempre pienso: por eso tenéis que uniros a la lucha, porque a vosotros también os matan los hombres.

No estamos hablando de culpa: hablamos de responsabilidad. Según el *Estudio Mundial Sobre el Homicidio 2013*, de la Oficina de las Naciones Unidas contra la Droga y el Delito (UNODC), el 95 por ciento de los asesinatos en el planeta son cometidos por hombres. Es una realidad tan evidente que resulta ridículo negar que los hombres tienen un problema muy grave. Los hombres poderosos de nuestro planeta son avariciosos, insolidarios, autoritarios y violentos: acaparan los recursos a costa de los demás, explotando a hombres y mujeres para acaparar toda la riqueza. Según el *Informe Oxfam 2018*, el 1 por ciento acaparó el año pasado el 82 por ciento de la riqueza generada en 2017. Suena increíble que estemos en un sistema en el que unos pocos disfrutan de muchos privilegios, y en el que incluso los hombres explotados exploten a su vez a las mujeres.

Si lográsemos dejar de mitificar a estos hombres poderosos, si acabásemos con el odio hacia las mujeres, si abandonásemos las jerarquías, si dejásemos de utilizar la violencia para conseguir lo que queremos o para arreglar nuestros problemas, si nos uniésemos para acabar con el machismo, el mundo sería mucho mejor.

El mundo, tal y como se está gestionando ahora, bajo el régimen capitalista y patriarcal, resulta desastroso: nos estamos cargando el planeta, millones de personas pasan hambre, muchos países se encuentran en guerra, y hay una guerra mundial contra las mujeres que nos tiene oprimidas y explotadas.

La gran mayoría de los dirigentes mundiales son hombres, y su codicia no tiene límites. Y lo mismo les pasa a las pocas mujeres que ejercen el poder desde el patriarcado: cuando ellas gobiernan, el sistema de explotación permanece intacto. Margaret Tatcher, Angela Merkel o todas las lideresas de la derecha española, son ejemplos de mujeres que ejercen su poder patriarcal de forma semejante a como lo hacen sus homólogos hombres.

Necesitamos un cambio urgente, pero la mayoría de los hombres se resiste con uñas y dientes a la revolución feminista que está transformando la vida de millones de mujeres en el planeta.

Esta resistencia se traduce no solo en el movimiento #NotAllMen ('#NoTodosLosHombres'), sino también en posturas abiertamente antifeministas: los hombres se sienten amenazados y atacados cuando generalizamos, porque ellos no son capaces de ver las violencias que ejercen o que han ejercido, ya que muchas están normalizadas en el imaginario colectivo.

Asumir la desigualdad es un tema de responsabilidad: deben asumirla como padres, como ciudadanos que pagan impuestos, como compañeros sexuales y sentimentales, como miembros de un hogar. No pueden seguir haciendo lo que les da la gana, comprometiéndose solamente a medias, implicándose emocionalmente a medias, y ayudando en casa pero sin asumir totalmente que su parte de responsabilidad es semejante a la de las mujeres. Es una actitud profundamente inmadura e insolidaria: "Yo me dejo querer, me dejo cuidar, me dejo servir por una mujer, porque soy hombre y me lo merezco, y me aprovecho de mi poder como hace todo el mundo".

No todos los hombres acosan a mujeres por la calle, pero sí son millones las mujeres que han sufrido acoso alguna vez en su vida. No todos los hombres matan a sus mujeres, pero sí mueren 30.000 mujeres al año a manos de sus parejas, según un informe de la ONU. No todos los hombres son violentos y explotadores, pero sí son miles de millones las mujeres con doble jornada laboral.

Otra de las estrategias que utilizan los hombres antifeministas cuando hablamos de violencia machista es culpabilizar a las víctimas. Si la violaron es porque iba sola por la calle de noche, porque llevaba una falda corta, porque iba provocando. Si le pegó una paliza fue porque ella le llevó al límite, le desquició, le hizo daño o le desobedeció. Si la mató fue porque ella quiso abandonarlo y ser libre.

Los periodistas nunca justifican los asesinatos de los atentados terroristas. No nos hablan del estado emocional de los terroristas ni de los motivos que tenían para matar, porque no hay justificación posible ante el asesinato de personas inocentes.

Excepto cuando los hombres matan a las mujeres, entonces sí suele haber explicaciones, y con frecuencia la culpa la tiene la mujer. Se echa la culpa al amor, a los celos, al dolor, al sufrimiento romántico, a la mujer. Y con la culpa femenina evitamos hablar del problema que tienen los hombres con la violencia.

El machismo está dentro de todos nosotros y nosotras, pero las mujeres, por muy machistas que seamos, no ejercemos la violencia sobre los hombres con tanta brutalidad. No los mutilamos genitalmente, no los apedreamos en la plaza pública hasta la muerte, no los drogamos para violarles en grupo, no los atacamos por la noche cuando van solos por la calle, no los matamos con martillos, hachas, machetes, pistolas, escopetas. No los asfixiamos, ni los degollamos, ni los empalamos. Esta es la gran diferencia entre los hombres y las mujeres, y esto es lo que nos tiene a nosotras sometidas a un régimen de terror en todo el mundo: la violencia masculina y el odio contra las mujeres. Es una pandemia mundial.

Los hombres machistas no están organizados: atacan en las casas, se amparan en la intimidad y la privacidad. Pero los hombres antifeministas si están organizados: son esos que organizan conferencias contra la ideología de género, apoyan al *lobby* de la gestación subrogada y proxeneta, y están en contra del aborto.

También hay grupos organizados en internet: atacan a las mujeres feministas en manada para que tengan miedo y abandonen las redes, para humillarlas públicamente, para provocar a las demás feministas, para reírse de ellas en sus foros. Las amenazan, denuncian sus perfiles para silenciarlas, las insultan y tratan de machacar su autoestima, se comportan como matones cuando se obsesionan con una ciberfeminista y deciden ir a por ella.

Las preguntas con las que podemos trabajar son: ¿cómo hacemos para que los hombres dejen de creer que las mujeres son de su propiedad?; ¿cómo hacemos para eliminar el odio contra las mujeres y acabar con la cultura de la violación que normaliza la violencia machista?; ¿cómo liberamos a todas las esclavas sexuales puestas a disposición de los machos patriarcales en cada pueblo y en cada barrio de las ciudades?; ¿cómo hacemos para que las mujeres puedan caminar sin miedo por las calles?; ¿cómo eliminamos la dependencia económica de las mujeres que cuidan y crían y repartimos las tareas de un modo justo y equilibrado?; ¿cómo evitamos la pobreza femenina o prohibimos la compraventa de bebés?; ¿cómo acabamos con las violaciones y los embarazos de niñas y adolescentes? Y en definitiva: ¿cómo aprendemos a querernos bien?

CAPÍTULO 21

LOS HOMBRES Y LA PATERNIDAD

Uno de los problemas más dolorosos y que más traumas deja en los hombres es la ausencia, en mayor o menor medida, del padre: la falta de afecto, el rechazo, la muerte o la violencia que ejerce en el hogar. En América Latina, por ejemplo, el nivel de malos tratos es tal que muchos niños pasan toda su infancia aterrorizados con los estallidos de violencia del padre contra la madre y contra ellos. Algunos son verdaderos sádicos que destrozan la vida de sus hijos mientras destruyen también la suya propia.

La ausencia, la carencia de afecto o la violencia de los padres dejan una huella imborrable en el sistema nervioso y en el cerebro de los niños. Lo normal es que en la edad adulta reproduzcan los mismos patrones: o se van, o están sin estar, o están para que los demás vivan un infierno. Pocos son los hombres que toman conciencia de su problema y piden ayuda. Muchos prefieren mantener su papel y continuar por el mismo camino, a pesar del sufrimiento que generan en los demás y en sí mismos: entran en una dinámica de autodestrucción muy dolorosa, para ellos y para sus allegados.

A todos los humanos nos cuesta no reproducir los círculos de violencia en los que hemos sido criados, y nos resulta difícil romper con la cadena del dolor que se transmite de generación en generación. Es una mochila muy pesada que acarreamos todos con los traumas, los miedos, los problemas, las fobias y las discapacidades de nuestros padres, abuelos, bisabuelos, y demás antepasados. A los hombres les cuesta más, en general, porque les enseñan que su herramienta principal para conseguir lo que quieren o para resolver conflictos es la violencia.

Uno de los problemas con los que cargan los hombres es la masculinidad frágil y autoritaria que han heredado de los hombres de su familia. Los complejos de inferioridad y superioridad que heredan les hacen muy infelices y les sumergen en relaciones basadas en la competencia. Como la mayor parte de los hombres son pobres y pertenecen a la clase obrera, y a muchos les frustra enormemente no poder acumular riquezas y vivir rodeados de mujeres bellas y complacientes, y como son pocos los hombres que ocupan la cúpula de la pirámide social y acaparan todos los recursos y el poder, los demás tienen que conformarse con seguir la senda marcada para los hombres comunes: encontrar un empleo para mantener a su esposa y fundar una familia. Los hombres reciben mucha presión social para que asienten la cabeza cuando les toca, pero son más libres que las mujeres a la hora de elegir el momento en el que quieren entrar en la institución matrimonial y familiar.

A nosotras nos urge más porque tenemos una capacidad reproductiva que disminuye con los años, y porque el mito de la familia feliz es tan potente que con frecuencia nos tiene totalmente seducidas. Millones de nosotras soñamos con un compañero que nos ame, nos cuide y nos respete, y con hijos e hijas sanas y felices. La casa, el coche, el perro: queremos el lote completo porque nos han dicho que en la familia está la felicidad y el amor más puro.

Las estadísticas nos dicen lo contrario: el nivel de violencia de los hombres contra las mujeres, de las mujeres contra los niños y niñas, de todos ellos contra los animales domésticos es altísimo en todo el mundo. Es en la familia feliz donde los niños sufren mayormente abusos sexuales, violaciones y malos tratos; es en la paz del hogar donde mueren asesinadas las mujeres a manos de sus maridos o exmaridos; es en la familia feliz donde se matan a los animales a golpes.

Las cifras son espantosas, pero seguimos encantadas con el mito de la familia feliz, porque nos la venden a todas horas en la televisión, en las vallas publicitarias, en las revistas, en la radio, en el cine, hasta en las redes sociales la gente exhibe su familia feliz, eso sí, ocultando las sombras que hay en todas las relaciones familiares y de pareja.

Durante siglos, los hombres se han limitado a ejercer su rol de máxima autoridad para domesticar y hacer obedientes a sus hijos e hijas, y su papel de proveedor principal que mantiene económicamente a la familia. No han cambiado pañales, ni han lavado ropa, ni han pasado noches en vela por la fiebre, ni han bañado a sus bebés, ni les han acunado para dormirlos. Hasta hace muy poco, los padres no se prodigaban en cariños y mimos con sus hijos: la relación con ellos solía ser distante a nivel físico y emocional. Y los niños varones se pasaban toda su infancia tratando de ser aceptados y amados por sus padres sin conseguirlo. Los papás solo podían ofrecer una relación jerárquica basada en la dominación, la sumisión y las palizas como método para restablecer el orden en la casa.

Es en el siglo XX cuando las relaciones dentro de las familias empiezan a cambiar. Con la llegada de la televisión, se invitó a la población a vivir en casas bonitas y confortables para que los maridos tuviesen ganas de llegar al hogar y se mantuviesen alejados de los burdeles, los mítines políticos y los bares. Empezaron seduciendo a las mujeres con electrodomésticos que hacían la vida más fácil, con la importancia de tener un hogar ordenado y caldeado, limpio y desinfectado, con buen olor y con comida preparada.

Se construyó el concepto de la infancia que conocemos ahora: los niños dejaron de ser adultos pequeños para pasar a ser niños, con derecho a jugar, a tener tiempo libre, a recibir el amor de su madre feliz y entregada. A través de la televisión vendían a los obreros el sueño de la clase media, así los mantenían entretenidos. La televisión no acercó a los padres a los hijos, pero sí los reunió en la misma habitación.

Con los nuevos tiempos vendrá la mitificación del padre cariñoso, que ayuda a la mamá en la crianza, que juega con sus hijos y se implica personalmente en su educación. Un papá cuidador, atento, sensible, que ya no pega con el cinturón ni castiga con crueldad a sus hijos. Las familias se van haciendo más pequeñas y solo queda al final la pareja con los hijos. Las mujeres reclaman, entonces, la ayuda de los padres y su papel de compañeros.

Ahora que muchos "ayudan", las mujeres pedimos más: que asuman plenamente su responsabilidad en la planificación familiar y en la salud sexual y reproductiva, en la de ellos mismos y en la de sus compañeras. Se les pide que tomen la iniciativa en la organización del hogar, que acompañen en todo el proceso de embarazo, que sean amorosos y respetuosos, que estén presentes en el parto y en el posparto, que se llenen de oxitocina y se apeguen a sus bebés y a sus compañeras, que sean honestos y cumplan con el compromiso que tienen, que asuman las tareas domésticas que les tocan, que sean buenos padres y buenos compañeros.

Algunos hombres están en ello, asumiendo las obligaciones y los placeres de ser padres. Pero en la mayor parte del planeta Patriarcado, los hombres siguen sin querer usar condón, sin cuidar de su salud sexual ni de la de sus compañeras, y huyen cuando hay alguna enfermedad o un embarazo. Esto es muy evidente en las paternidades de América Latina: no les importa regar de hijos el mundo, ni siquiera ahora que pueden ir a la cárcel si no pagan la pensión. Muchos la pagan, pero jamás se implican como padres de sus criaturas a nivel emocional.

Está demostrado que cuanto menos cuidan los hombres, más violentos son. Por ejemplo, los padres que cuidan a sus hijos tienen menos posibilidades de abusar de ellos que aquellos que no se implican en la crianza ni en la educación. Cuidar a otras personas baja la testosterona porque se crean vínculos emocionales muy especiales con las personas a las que quieres. También es cierto que existen luchas de poder en las relaciones de cuidados, pero los hombres que sacan adelante a un niño enfermo, a un padre anciano o a una hermana impedida son mejores personas y desarrollan más la empatía y la solidaridad que los hombres que no cuidan.

Lo mismo se aplica para hombres gays que son papás. Se está poniendo de moda entre algunos famosos el alquiler de mujeres para la compraventa de bebés, y muchos de los compradores son parejas de hombres que quieren formar una familia. Generalmente ellos no se dedican a la crianza: la madre que dona los óvulos no es la misma que gesta a los bebés, que tampoco es la misma que la mujer que les cuida. Contratan mujeres de nacionalidades diferentes, todas pobres y necesitadas, para cumplir con el sueño de ser padres biológicos, sin mancharse las manos de caca cambiando pañales.

Es el ejemplo de Cristiano Ronaldo, que cuenta en la prensa que el día que llega el bebé que se acaba de comprar, él está en Mallorca de vacaciones con sus amigos. Eso hacen algunos famosos: se compran bebés para que los cuiden otras mujeres sin vínculo emocional con ellos, y luego, cuando se separan, se reparten los niños como cualquier otra propiedad.

Los hombres tienen una enorme responsabilidad en la educación de sus hijos, en su estabilidad emocional, en su bienestar y en su felicidad. Son la primera figura de referencia masculina del niño, su ejemplo a seguir, el héroe al que idolatran. Los niños aprenden imitando a sus papás: no importa la cantidad de discursos que les lances sobre la igualdad y los derechos de las mujeres. Si sus padres no barren, ni friegan, ni cocinan, ni limpian, ellos tampoco. Si sus padres tratan mal a sus madres, ellos también. Si sus padres hablan mal de las mujeres...

Los niños varones, hoy más que nunca, necesitan modelos de masculinidad alternativos al modelo patriarcal tradicional. Necesitan entender cuál es su papel ahora que las mujeres están convirtiéndose en seres independientes, autónomos, y se están empoderando personal y colectivamente. Precisan ejemplos a seguir que no sean hombres machistas ni violentos, herramientas para desobedecer los mandatos de género y para renunciar a sus privilegios.

Es la única manera que tenemos de cambiar el mundo: transformando las masculinidades. Los hombres tienen que despatriarcalizarse y educar a los niños con modelos positivos de hombres responsables, afectuosos, que disfrutan con su paternidad y trabajan en equipo con sus compañeras. De ellos depende explorar otras formas de ser hombres, de ser padres, de amar, de relacionarse, de vivir en familia. Se trata de construir otras formas de convivir con gente sin utilizar la estructura patriarcal.

En el mundo deberían nacer solo niños y niñas deseados, que tengan garantizados el cuidado y el amor de sus padres y madres. Si traemos hijos a este mundo que sea para tratarlos bien, para darles amor y afecto, para dedicarles tiempo. Si no se dan las condiciones, es mejor no tenerlos.

El mundo está lleno de niños que se sienten y se han sentido poco queridos y poco cuidados por sus padres. Muchos llegan a la edad adulta con traumas de la infancia, mutilados emocionalmente, con problemas para relacionarse con amor con los demás, y para gestionar sus emociones, y con el complejo de un padre que nunca les dio amor. Hay que liberar a las paternidades de todo su patriarcado para que podamos tener tiempo para criar y educar, sin cargar toda la responsabilidad en las mujeres. En mi opinión deberían enseñar en las escuelas a los niños a cuidar, porque los humanos nos necesitamos los unos a los otros para sobrevivir y ser felices. Los cuidados hacen de este un mundo más humano.

CAPÍTULO 22

LAS MASCULINIDADES DIVERSAS

La masculinidad es una construcción social y cultural que varía según las zonas geográficas, las etapas históricas, la organización sociopolítica y económica de cada cultura. En este capítulo la intención es analizar dos culturas pacíficas e igualitarias, la tahitiana y la semai, que hasta hace poco han vivido libres del patriarcado.

El antropólogo Robert I. Levy publicó en 1973 *Tahitians: mind and experience in the Society Islands*, un estudio sobre la cultura tahitiana. En su investigación encontró que las diferencias entre los sexos en Tahití no estaban muy marcadas, sino que eran más bien borrosas o difusas:

Los varones no son más agresivos que las mujeres, ni las mujeres más tiernas o maternales que los hombres. Además de tener personalidades similares, los hombres y las mujeres también desempeñan papeles tan parecidos que resultan casi indistinguibles. Ambos hacen más o menos las mismas tareas y no hay ningún trabajo u ocupación reservados a un solo sexo por dictado cultural. Los hombres cocinan de forma habitual. Además, no se insiste en demostrar la virilidad, ni se exige que los hombres se diferencien de algún modo de las mujeres y los niños. No se ejerce ninguna presión sobre los muchachos para que corran riesgos ni se prueben a sí mismos, ni se les obliga a ser diferentes de su madre o hermanas. La virilidad no supone pues ninguna categoría importante, ni simbólica ni de comportamiento.

En la cultura de Tahití, los varones no temen actuar de un modo que los occidentales consideran afeminado. Por ejemplo, durante las danzas, los hombres adultos bailan juntos en estrecho contacto corporal, y la mayoría de los varones visita a menudo al homosexual del poblado (el *mahu*). El *mahu* del poblado es un transexual que ha elegido ser "mujer honoraria". Es una figura parecida al *berdache* de los indios americanos, o el *wanith* de los omaníes musulmanes. Al *mahu* se le tiene un gran respeto; vive como las mujeres, baila y canta con ellas, tiene voz afeminada y entretiene a los hombres y a los muchachos ofreciéndoles sodomía y felaciones. La mayoría de los hombres tahitianos se relaciona abiertamente con el *mahu* sin que eso les cause ningún problema, y, además, suelen asumir el papel pasivo en las relaciones con el *mahu*.

El afeminamiento, según Levy, se acepta como un rasgo corriente y general de la personalidad masculina. Los muy machos se consideran extraños y desagradables. Se espera de los hombres no solo que sean pasivos y complacientes, sino que ignoren los agravios. No tienen concepto del honor masculino que defender, ni venganza que llevar a cabo. Incluso cuando se les provoca, es raro que lleguen a las manos. Al estudiarlos, Colin Turnbull afirmó en 1961 en *The Forest People*: "Su carácter es extremadamente pacífico [...] nunca vi a un tahitiano fuera de sí durante toda mi estancia". Está prohibido entre ellos agredir y tomarse la revancha, aunque se sientan estafados.

El idioma tahitiano no expresa gramaticalmente el género. Los pronombres no indican el sexo del sujeto ni del objeto, y el género no desempeña ningún otro papel en la gramática. Casi todos los nombres propios tradicionales se dan tanto a las mujeres como a los varones.

Tradicionalmente, no cazan, ni tienen ocupaciones excesivamente peligrosas o agotadoras que se consideren masculinas. Hay pesca abundante de agua dulce y la tierra es muy fértil (todo el mundo tiene lo suficiente o lo arrienda por una suma muy pequeña), poseen animales domésticos y viven sin pobreza extrema ni conflictos económicos. En la sociedad tahitiana no hay luchas ni guerras. La economía más que competitiva es cooperativa, pues las familias se ayudan entre sí tanto en la pesca como en la recogida de las cosechas. Les basta con subsistir y no se esfuerzan por acumular bienes. Lo auténticamente tahitiano es trabajar sin esfuerzo, lo que a ojos occidentales podría parecer de propio de espíritus perezosos.

David Gilmore (1994) estudió en *Hacerse hombre: concepciones culturales de la masculinidad* a los semai en Malasia, un pueblo muy parecido al tahitiano en su falta de esquema respecto a los sexos. Son una etnia pacífica que sufrió una serie de incursiones de pueblos malayos, más numerosos y de tecnología más avanzada, frente a los cuales adoptó la política de huir en vez de luchar. Son uno de los pueblos más tímidos de la tierra; además, están racialmente muy mezclados, producto de décadas de mestizaje casual con los malayos, los chinos, y cualquiera que pasara por sus enclaves selváticos.

Los semai creen que resistirse a las insinuaciones, sexuales u otras, de otra persona, equivale a una agresión contra esa persona. *Punan* es la palabra semai que designa cualquier gesto, por muy discreto que sea, que haga sentir rechazo o frustración a otra persona. Esto podría atraer sobre el poblado el castigo de los espíritus, que prohíben cualquier comportamiento incorrecto.

Para evitar la catástrofe, los semai siempre acceden mansamente a las peticiones y proposiciones. Del mismo modo, un hombre o una mujer no pueden acosar indebidamente a otro para tener relaciones sexuales. Evidentemente, los semai no sienten celos sexuales y el adulterio es endémico. De las relaciones fuera del matrimonio dicen: "Solo es un préstamo".

Las prohibiciones de herir los sentimientos de los demás suelen equilibrar todas las relaciones sociales, por lo que el comportamiento sexual en los poblados semai resulta generalmente conciliatorio, ya que es guiado por normas de extrema cortesía. Sin concepto de honor masculino o de derechos paternos que los inspiren, los varones semai no hacen ningún esfuerzo para impedir estas relaciones. Tampoco hay consecuencias negativas para los frutos de violaciones de hombres que no son semai: todos los niños ilegítimos nacidos así son amados y bien atendidos, ya que los semai no pueden soportar que se desatienda a los niños.

La personalidad semai se asienta en una omnipresente imagen de uno mismo estrictamente no violenta. Ellos afirman que nunca se enfadan, e incluso alguien que esté evidentemente enojado lo negará categóricamente. Las discusiones a gritos están prohibidas porque los gritos "asustan a la gente". Si alguien se siente contrariado por las acciones de otro, simplemente se aleja o pone mala cara. Si una disputa no puede solucionarse sin resentimientos, uno de los protagonistas dejará el poblado. Los semai no tienen competiciones deportivas ni concursos en los que alguien pueda perder o incomodarse. Nadie puede dar órdenes a otro, pues eso "le frustraría".

Los semai no hacen distinción entre un dominio público masculino y otro privado femenino. No hacen ningún esfuerzo por recluir o proteger a las mujeres, y el concepto occidental de intimidad les es desconocido. Por ejemplo, negarse a que alguien entre en su casa se considera un acto de extrema hostilidad. El concepto de propiedad no tiene ningún significado para ellos, le dan poca importancia a las posesiones materiales y al individualismo. Disponen de abundante tierra para cultivar y todos cooperan en el trabajo. No existe la propiedad privada, ni de la tierra, ni de los bienes de consumo. Si alguien no tiene tierra para cultivar, puede pedir un trozo a un amigo o a un pariente: se le entregará con mucho gusto.

A los varones semai les gusta cazar con cerbatanas impregnadas de veneno y con trampas, y además solo cazan animales pequeños. Si se topan con algún peligro, salen corriendo. Al parecer, las cerbatanas son un símbolo fálico de su virilidad. La concepción del arma como trasunto del pene es adoptada también por los bosquimanos y otros pueblos pacíficos, parece universal en los pueblos cazadores.

Sin embargo, no hay culto a la masculinidad, como tampoco lo hay en la cultura tahitiana. Los semai tienen animales domésticos, sobre todo gallinas, pero no se atreven a matarlos. Cuando están criados, los intercambian o los venden a chinos o malayos. Saben que ellos los matarán pero prefieren no pensar en ello. Pescan, también, tanto hombres como mujeres.

Uno de los aspectos más interesantes de la población semai es que la división sexual de las labores se hace en virtud de preferencias y no de obligaciones o de prohibiciones. Las mujeres participan en los asuntos políticos en la misma medida que los hombres, pero suele haber menos jefas de poblado. Asimismo, a los hombres se les permite ejercer de parteros. Es decir, no hay reglas rígidas. Todos y todas pueden elegir hacer aquello para lo que se sienten mejor dotados sin recibir crítica alguna.

La diversidad de las masculinidades ha sido reducida por la colonización primero, y la globalización, después, aunque en todas ellas persiste la resistencia masculina a la virilidad hegemónica de diversas formas. Los hombres que no se ajustan al modelo de masculinidad hegemónica y desobedecen sus roles y estereotipos en su vida cotidiana no lo tienen nada fácil. La homofobia, la transfobia, el odio al diferente asesina cada año a cientos de hombres, incluso en los países más avanzados.

Por eso es tan importante sacar a la luz la diversidad de las masculinidades, y reivindicar las disidentes, incluidas las nuevas masculinidades que los hombres con conciencia feminista están construyendo.

CAPÍTULO 23

LOS HOMBRES (TAMBIÉN) VIVIRÍAN MEJOR SIN MACHISMO

Vamos a imaginar un mundo sin machismo. ¿Cómo serían las masculinidades libres e igualitarias si hubiéramos acabado con el patriarcado? Sin machismo, los hombres:

- Serían mucho más libres, no tendrían por qué obedecer los mandatos de género que les obligan a ser agresivos, dominantes y ganadores. Podrían caminar, gesticular, vestirse como les diera la gana, sin sentir miedo al qué dirán, sin sentir vergüenza por su forma de ser o por sus deseos más íntimos. Podrían amar a otros hombres en libertad.
- Vivirían su sexualidad de una manera más libre y sana, con otros hombres y con las mujeres. Podrían liberarse de la obsesión por el coito y la eyaculación y disfrutar de los goces del cuerpo entero, de arriba a abajo, sin pensar en la meta final, disfrutando de cada instante sin pensar en el desenlace. Podrían disfrutar del placer anal sin los miedos de hoy en día, explorar su propio placer sin obstáculos ni trabas, sin tener que esconderse, sin tener tanto miedo a lo desconocido. Sin machismo, se mostrarían

mucho más abiertos a aprender cosas nuevas y a entender la compleja y fascinante sexualidad femenina.

- No llorarían a las mujeres de su entorno familiar y socioafectivo. Porque cada vez que el machismo mata, hay padres que se quedan sin hijas, hijos que se quedan sin madres, tíos, abuelos, sobrinos, primos, amigos y compañeros que sufren por la pérdida de una mujer asesinada.
- No temerían al amor, y aprenderían a amar sin poseer ni dominar. Serían más libres para empezar y para terminar las relaciones sentimentales con hombres o con mujeres, gozarían más sin tener que obedecer o ser obedecidos. Sin duda se sentirían mejor si aprendiesen a relacionarse desde el amor y la libertad. Disfrutarían más del amor porque no tendrían complejos de inferioridad, ni sentirían la necesidad de poseer, controlar o destruir a la persona a la que amasen.
- Podrían reírse de sí mismos, hacer autocrítica, llorar en público, mostrar su vulnerabilidad, pedir ayuda cuando la necesitasen. No tendrían tanto miedo a hacer el ridículo y, por lo tanto, se divertirían mucho más. Se sentirían más libres, respetarían todos los modelos de masculinidad, no se verían obligados a adoptar el modelo hegemónico de masculinidad patriarcal.
- Sería innecesario que acumulasen propiedades, acaparasen el poder, o fuesen siempre los protagonistas de la historia de la humanidad. No tendrían que afrontar solos los problemas de una familia o de la comunidad, y tampoco se les exigiría que fuesen los principales proveedores de recursos económicos. Las mujeres también tendrían acceso a las tierras y a los

medios de producción, no habría brecha salarial ni trabajo gratis, no dependeríamos de ellos, y las relaciones serían más sanas y horizontales. No serían los jefes ni los directores ni los amos del mundo: podríamos organizarnos en equipos de cooperativas en los que ellos no acaparasen el poder político y económico.

- No habrían de mutilarse emocionalmente, y serían libres para expresar cómo se sienten, sin miedo a ser insultados o humillados en público. Sin machismo, ninguno sentiría la necesidad de reírse o de atacar a los hombres que hablan de sus emociones y sentimientos; podrían criar a sus hijos e hijas, disfrutar de su paternidad, aprender a cuidar a sus seres queridos. Podrían disfrutar de la diversidad de afectos que se tiene cuando uno es libre y los demás a su alrededor también lo son.

- No tendrían que pelearse con otros hombres para demostrar lo valientes que son o para defender su honor o el de su familia, para castigar a otros hombres por temas de celos, para descargar la agresividad acumulada, para sentir placer con los subidones de adrenalina...

- Vivirían más años porque no perderían la vida en peleas con otros hombres, no tendrían que someterse a conductas de riesgo para parecer muy machos y podrían aprender a cuidarse a sí mismos. Los hombres podrían asumir la responsabilidad sobre su salud física, emocional y mental, afrontar las enfermedades y discapacidades con herramientas, relacionarse con la muerte con mayor naturalidad, trabajar sus traumas infantiles y mantener a raya su tendencia a la autodestrucción.

- No se burlarían de otros hombres, ni tendrían que demostrarle nada a nadie: podrían vivir sin pelearse porque no les importaría la opinión de los demás sobre su hombría. Sin machismo viviríamos en una cultura más pacífica en la que los hombres podrían resolver sus conflictos sin violencia, y, por lo tanto, no morirían acuchillados, golpeados, descuartizados o tiroteados.

- No existirían dominadores ni dominados. Los hombres no habrían de someterse a otros hombres, ni arrodillarse ante ellos, ni obedecerlos, ni vivir esclavizados para enriquecerlos. No habría jerarquías ni viviríamos en un mundo tan competitivo: los hombres no tendrían que someterse al estrés de ser los mejores en todo, no se sentirían perdedores todos los días, no tendrían que pisotear a los demás para subir más alto. No tendrían por qué tener complejos de inferioridad o de superioridad: podrían relacionarse de igual a igual con otros hombres, con las mujeres, con los niños y con las niñas, con los animales de su entorno y con la naturaleza.

- Mejorarían su salud mental y física, y podrían aprender a cuidarse y cuidar a los demás. Esto les permitiría relacionarse con más amor, respeto y ternura con ellos mismos, entre ellos y con nosotras.

- No sentirían la necesidad de abusar y violar a los más débiles. No se sentirían mejor dominando y haciendo sufrir a otros hombres, niños, niñas o mujeres. Tampoco llevarían a cabo agresiones sexuales ni violaciones; no serían víctimas de los abusos sexuales infantiles que hoy en día sufren a manos de otros hombres. No tendrían que prostituirse ni que drogarse para soportarlo, ni vivir una vida de humillaciones y dolor. Y las mujeres tampoco.

- Podrían deshacerse de sus cadenas, de sus miedos y de sus carencias. Serían más libres, más solidarios, mejores personas, y tendrían mucha más salud emocional y mental.

- Sin machismo, los hombres serían más felices porque las niñas, las mujeres adultas, las ancianas serían más felices también. Podrían relacionarse con mujeres libres, independientes, y no perderían sus energías en relaciones de poder: podrían relacionarse con amor con todas las mujeres y los hombres de su entorno, sin necesidad de poseer, dominar u obedecer a nadie.

Sin machismo, saldríamos ganando todos y todas. No es solo que nosotras tengamos derecho a vivir una vida libre de violencia: también a los hombres les beneficiaría enormemente el final de la cultura patriarcal, a los niños, a las niñas, a los animales, a la naturaleza. El mundo sería mucho mejor si acabásemos con el patriarcado, la misoginia y el machismo.

CAPÍTULO 24

LOS HOMBRES Y EL FEMINISMO

Muchos hombres se preguntan por dónde se puede empezar a trabajar para construir sus propias gafas violetas. Las gafas violetas del feminismo no se pueden comprar en ninguna tienda, ni las regalan: se han de construir personalmente, a solas y en compañía de otras mujeres y hombres. Hay muchos sitios en los que se puede aprender sobre feminismo y masculinidades: hay colectivos de mujeres en todas las ciudades, en todos los barrios, en muchos pueblos. Hay feministas en todos los países del mundo, y en todos los ámbitos: la cama y la casa, la lucha social y política, la cultura y el arte, el deporte, las instituciones, las religiones, la economía, la ciencia, los medios de comunicación.

Muchas feministas investigan, escriben y comparten sus conocimientos en las redes. Algunas están volcadas en la sensibilización y la formación: imparten o reciben talleres, organizan jornadas, conferencias y conversatorios, algunos mixtos y otros no... Cada vez más movimientos sociales están incorporando la perspectiva de género en sus luchas. Aumentan las manifestaciones feministas y las asambleas que trabajan para coordinar la lucha social y política por un mundo igualitario y pacífico bajo el lema: "Lo personal es político". Aún son minoría, pero cada vez hay más colectivos de hombres que trabajan en el ámbito de las masculinidades: hombres igualitarios, feministas o aliados del feminismo que también están trabajando en lo personal y en lo político. Ellos también publican libros, tienen sus blogs, revistas, webs y foros; organizan talleres, jornadas y congresos. Pero lo más importante: se trabajan sus patriarcados y son cada vez más.

También hay feminismo en los sindicatos y en los partidos políticos, y en las instituciones: ministerios de igualdad, institutos de la mujer, casas de las mujeres, escuelas de igualdad promovidas por ayuntamientos, diputaciones y universidades. A nivel internacional, existe ONU Mujeres y todas las agencias de la ONU tienen su sección feminista, han incorporado la perspectiva de género y existen multitud de ONG que trabajan para defender los derechos de las niñas y de las mujeres en todo el mundo. Muchas de ellas elaboran materiales educativos y de divulgación, y publican datos y estadísticas que nos ayudan a entender el mundo en el que vivimos.

También hay cada vez más feminismo en el mundo académico: las universidades tienen sus unidades de igualdad, imparten másteres de género, organizan congresos y jornadas, ofrecen cursos y talleres, en línea y presenciales. En todas sus bibliotecas hay una sección dedicada al feminismo. Aunque en algunas todavía se encuentre en un rincón escondido, hay muchos libros que se pueden consultar. Algunas universidades tienen MOOC (Massive Online Open Courses) sobre feminismo en todas las disciplinas de las ciencias sociales: comunicación, antropología, psicología, sociología, economía, literatura, arte, historia, filología, etc.

Hay muchísimo feminismo en las redes sociales: cada vez circulan más vídeos, memes, infografías, documentos, artículos, documentales, etc. en internet. Cada vez hay más grupos de WhatsApp, Telegram y Facebook, alianzas feministas en Twitter e Instagram, redes de grupos feministas de todos los países y redes también internacionales. Hay multitud de revistas feministas digitales, blogs personales, webs y foros, y se puede encontrar en todos lados recopilaciones sobre las activistas y las autoras feministas más importantes. Hay muchas periodistas feministas, filósofas, sociólogas, psicólogas, comunicadoras, blogueras a las que seguir, y grupos de otros países visibles en las redes comparten sus luchas a nivel internacional.

También hay hombres que se juntan periódicamente con sus amigos para discutir y trabajar un tema que les interese a todos. Comparten lecturas o materiales que les ayudan a reflexionar y a debatir. El feminismo está en construcción permanente, y los hombres también están comenzando a leer, a descubrir, a cuestionárselo todo, a hacerse preguntas, a debatir con otras personas sobre todos los temas que abarca el feminismo.

Una vez que nos ponemos las gafas moradas, resulta complicado deshacerte de ellas: todo lo que antes considerábamos "natural" y "normal" ahora nos parece patriarcal. Nuestra capacidad de análisis se expande, y aprendemos rápido a entender la jerarquía en la que nos organizamos, y nuestro lugar en ella. Los hombres pueden ver los privilegios que tienen, las opresiones que sufren y que ejercen, la manera en la que reproducen el patriarcado en sus relaciones afectivas y sexuales y en su forma de estar en el mundo.

Hay hombres que ya trabajan para liberarse de los patriarcados que les habitan. Están adquiriendo herramientas para trabajarse lo romántico en pareja o a solas, para defender sus derechos y los de los demás, para conectar consigo mismos, con su sensibilidad, con su empatía y con su solidaridad. Y esto ya está teniendo un impacto en los hombres con los que se relacionan estos "nuevos hombres", especialmente en los más jóvenes. Son hombres que están demostrando que otras formas de ser hombre son posibles, y que están buscando, sin apenas modelos de referencia, nuevas masculinidades para contribuir al cambio que está produciendo en nuestras vidas la revolución feminista.

CAPÍTULO 25

UN MENSAJE PARA LOS HOMBRES QUE SE LIBERAN DEL PATRIARCADO

Liberarse del patriarcado y disfrutar del amor es un trabajo que dura toda la vida, pero no hay por qué sufrir para convertirse en el hombre que desearías ser: se puede disfrutar mucho de este proceso. Es un trabajo apasionante: estás derribando y dinamitando edificios gigantescos, rompiendo esquemas estructuras que te mantienen a la vez preso y privilegiado, a ti y a millones de hombres en todo el planeta.

Te enfrentas a un folio en blanco en el que puedes dejar volar tu imaginación para diseñar un hombre nuevo. Tú eres el escritor y el protagonista de la historia, por lo tanto puedes ir construyendo un hombre del que puedas sentirte orgulloso algún día. Trabajarse la masculinidad es un acto creativo de deconstrucción y reconstrucción que tiene implicaciones sociales y políticas que generan un gran impacto en toda la población.

Es un trabajo que hay que hacer desde la humildad y la autocrítica amorosa. Tiene que ser amorosa, para no fustigarte cuando te pongas las gafas violetas y veas todo el patriarcado que tienes dentro. No se trata de pasarlo mal: hay que intentar vivir este proceso como una transformación a mejor.

Porque en cuanto empiezas a trabajártelo, todo el mundo a tu alrededor se beneficia de tus cambios. Otros hombres pueden ver a través de ti que otras masculinidades son posibles. Y tus relaciones con tus seres queridos mejoran: cuando hacemos autocrítica luego nos cuesta menos sentarnos a hablar con nosotros mismos y con los demás.

Con la autocrítica amorosa, podemos llevar la teoría a la práctica a todas horas del día. Te puedes hacer muchas preguntas para analizarte a ti mismo y conocerte mejor. ¿Se está divirtiendo mi compañera sentimental a mi lado? ¿Se siente bien tratada? ¿Se siente libre a mi lado? ¿Cómo manejo mis inseguridades y mis miedos? ¿Cómo reacciono cuando me enfado o me estreso? ¿Cómo me comporto en los momentos de crisis, cómo trato a los demás, cómo trato a mi novia? ¿Cómo castigo a mi pareja cuando me siento dolido por algo que me ha hecho? ¿Cuánto espacio ocupo en el transporte público? ¿Se sentirá cómoda mi compañera de trabajo cuando la cojo por la cintura para bromear? ¿estoy hablando demasiado? ¿Me estoy aprovechando de esa mujer enamorada de mí que está siempre disponible para mí? ¿Qué modelo de relación amorosa me gustaría tener? ¿Estoy siendo honesto conmigo mismo y con los demás? ¿Cómo aprendí a ser hombre? ¿Quiénes son mis héroes de la infancia y de la actualidad?

¿Cómo cuido a mi gente?, ¿y a mí mismo? ¿Cómo ejerzo mi poder? ¿Cómo me resisto, y cómo contribuyo al cambio social desde mi posición? ¿Cuál es mi nivel de compromiso con la gente y con mis proyectos?, ¿y con mis parejas? ¿Con quién puedo hablar de mis sentimientos más profundos? ¿Cómo te cuidan?, ¿cómo cuidas? ¿Cuánto tiempo le dedicas a tu gente querida? ¿Cómo hablas en público de las mujeres? ¿Por qué las mujeres ya no quieren sufrir por amor? ¿Cómo podría hacer para no herir a nadie? ¿Cómo me comporto cuando los hombres a mi alrededor tienen comportamientos machistas? ¿He forzado a mis compañeras a tener relaciones sin que ellas quisieran? ¿Me he aprovechado de las mujeres aprovechándome de mi posición de poder?

¿Cómo podría mejorar mis relaciones con la gente a la que quiero y con las mujeres? ¿Qué clase de hombre quiero ser? ¿Me apetece realmente ser padre, con sus obligaciones y sus placeres? ¿Cómo me beneficio de mis privilegios? ¿Cómo podría ser mejor persona? ¿Cuáles son mis miedos? ¿Cómo obedezco, y cómo me rebelo ante el patriarcado? ¿Qué quieren las mujeres?, ¿y los hombres? ¿Qué es lo que quiero, y qué es lo que necesito para estar bien?

Puedes ir trabajando a solas y en buenas compañías: con otros hombres que se lo trabajan puede que resulte más fácil desnudarse, quitarse la coraza, aprender a hablar de cómo te sientes, identificar, expresar y gestionar tus emociones. Porque acompañado de otros como tú, no te sientes un bicho raro en medio de un planeta patriarcal, y porque es más divertido: con los demás hombres puedes probar a romper con tus bloqueos emocionales, a reconciliarte contigo mismo, a escucharte y a cuidarte, a desobedecer, a liberarte, y a reírte de ti mismo.

Nunca es tarde para empezar: ya estás en ello, ya has llegado al final del libro, ya te has cuestionado muchas cosas y ya tienes dentro la semilla de la revolución amorosa: si sientes unas ganas tremendas de iniciar el viaje hacia el centro de ti mismo, si quieres disfrutar del sexo, del amor y de la vida, si sientes el deseo de sumarte a la transformación que está teniendo lugar en nuestra historia del tiempo presente, bienvenido seas, entonces, compañero.